传承文明

传播文化

服务大众

贡献学术

凤凰出版社建社四十周年纪念册

凤凰出版社编写组　编

凤凰出版社

凤凰出版社建社四十周年纪念册编写组

（以姓名音序排列）

曹　畅　曹菁菁　陈贵子　程明娇　郭馨馨　李相东

林日波　刘　丹　倪培翔　汪允普　王淳航

统稿

汪允普

书香润芳华，汲古谱新篇

——写在凤凰出版社建社四十周年之际

凤凰出版社原名江苏古籍出版社，1984年3月成立，2002年更名，2009年改制为江苏凤凰出版社有限公司，是一家以出版中国古代文史哲典籍整理及研究作品为主的专业出版社。建社四十年来，始终秉承“传承文明、传播文化、服务大众、贡献学术”的出版理念，立足江苏，面向全国，谋划精品，面向未来，坚持古籍专业出版方向，切实提升专业出版能力，履行古籍出版工作者应尽的责任，业已成为全国古籍出版和文史学术出版的重镇。

一、立足江苏，面向全国

凤凰出版社的前身江苏古籍出版社是在1981年《中共中央关于整理我国古籍的指示》的指导下，由江苏人民出版社文史编辑室独立出来组建的。江苏文化底蕴深厚，文脉悠长。创立伊始，出版社充分挖掘和利用地方出版资源，规划出版了一批既有鲜明江苏特色，又在学术史上具有重要历史地位的文集和全集，尤以“江苏地方学人文集”为重点。该系列遴选江苏历史上的学术大家，上世纪八九十年代出版了《金圣叹全集》《袁枚全集》《冯梦龙全集》《李伯元全集》《李审言文集》《高邮王氏四种》等，本世纪以来出版了《范仲淹全集》《嘉定钱大昕全集》《赵翼全集》《陆士衡文集校注》《陆士龙文集校注》《冒辟疆全集》《缪荃孙全集》《高攀龙全集》《俞樾全集》。在当代江苏学人文集方面，韩儒林、洪诚、周勋初、卞孝萱、任中敏、莫砺锋、程千帆等学者的著作集陆续问世。上述出版成果，不但是历代江苏学人优秀成果的集中展现，而且全景式地勾勒出了江苏学术乃至江南文脉的古今传承与发展，得到了学术界、读书界、出版界的高度评价与肯定，凸显了江苏在中国历史上学术重镇的地位，对于传承江苏文化与学术思想、梳理江苏古今学术发展脉络、促进地方文化交流和文化建设具有重要意义。

江苏物华天宝，地杰人灵。南京大学、南京师范大学、苏州大学、中国第二历史档案馆、江苏省社会科学院等一批在全国具有重要地位的高校、科研机构，拥有众多的杰出人才，也蕴藏着丰厚的出版资源。出版社聚焦江苏学界的一批知名学者，出版了一批高水平的学术成果。2013 年“首届向全国推荐优秀古籍整理图书”入选的四种就是显例：《清诗纪事》由苏州大学钱仲联教授主编，该书是出版社成立之初出版规模最大、影响最广的一部古籍整理著作，曾获得第一届国家图书奖提名奖（1994）。代表“郦学”地理学派最高水平的《水经注疏》于 1989 年整理出版，曾在南京师范大学任教的段熙仲教授是整理者之一。2006 年出版的《册府元龟（校订本）》，由南京大学周勋初教授主持完成，2008 年获得首届中国出版政府奖图书奖。荣获第四届中国出版政府奖图书奖（2018）的《李太白全集校注》，是南京师范大学文学院郁贤皓教授积数十年功力而成的心血之作，其校勘严谨、体例完备、诠释深入、取舍精当，堪称当代李白研究的扛鼎之作。“中华民国史”系列选题最典型的当属《中华民国史档案资料汇编》，全书92册，是中国第二历史档案馆择选馆藏历史档案中具有重要史料价值的文献编辑而成的一套综合性资料汇编，汇集了南京临时政府、北京民国政府、广州国民政府、武汉国民政府、南京国民政府的重要档案，至今仍是民国史研究不可缺少的基本史料集。

“立足江苏，面向全国”离不开党和政府的关心与支持。为全面梳理江苏历史文化发展脉络，提炼江苏历史文化精神，传承发扬江苏地域文化，由江苏省委、省政府直接领导，省委宣传部组织实施的“江苏文脉整理研究与传播工程”于2016年正式启动，计划用10年时间编纂出版《江苏文库》3000册。至2023年底，凤凰出版社承担的书目编、文献编、精华编、史料编、方志编已出版930余册。

二、坚守专业，勇于探索

自上世纪九十年代以来，随着社会主义市场经济地位逐步确立，时代的浪潮给出版行业带来了重大的机遇与挑战。在这一背景下，如何坚持古籍专业出版，如何保持专业出版社良好的发展势头，成为出版社面临的巨大考验。出版社同仁逐步明确和树立了优秀传统文化现代化、专业知识大众化、社会效益市场化的企业定位与发展方向。具体而言，就是始终抓好内部机制、选题结构、人才选拔等建设，积极转变观念，面向市场，推动中华优秀传统文化与古籍专业出版“创造性转化”和“创新性发展”。

一是坚持以书立社，始终高度重视策划精品图书，特别是加强高水平古籍整理图书的开发与出版，不断扩大出版特色与优势。上世纪九十年代开始出版的《全元文》，收录有元一代文章35000

读者审美趣味和阅读习惯的大众选题；既有基础文献整理，又有传统经典当代诠释。

出版社以申报各类国家级重点图书出版规划为契机，制定了符合自身发展规律的《凤凰出版社重点古籍整理出版选题规划》，组织实施了一大批既有重大影响，又有地方特色的选题，引导凤凰出版社内容生产、产品营销和人才队伍建设。至 2024 年，列入国家“十一五”“十二五”“十三五”“十四五”重点图书出版规划项目 63 项（含合作 1 项）；入选 2011—2020 年国家古籍整理出版规划项目 50 项，2021—2035 年国家古籍工作规划项目 19 项。

积极申报国家级出版项目，勇于在思想性、现实性、标志性项目上发力，紧紧围绕中华优秀传统文化做大“文章”，一直是出版社工作的重中之重。截至 2024 年，《二十世纪三十年代国情调查报告》《宋代文学编年史》《〈尚书〉学文献集成·朝鲜卷》《九寨侗族锦屏文书辑存》等 36 个项目被评选为国家出版基金资助项目，其中《中国辞赋理论通史》《民国时期新疆档案汇编》《五代石刻校注》《宋元戏文订律》《南京图书馆藏未刊稿集成·史部》等结项获评优秀等级，受到国家出版基金规划管理办公室通报表扬。《南京城墙志》《台湾简史》入选国家新闻出版总署“三个一百”原创出版工程。《册府元龟（校订本）》《中国地方志集成》《凌濛初全集》《陆士衡文集校注》《陆士龙文集校注》《赵翼全集》《韩非子校注（修订本）》《江南通志》《汉书地理志汇释（增订本）》等 134 种图书入选全国古籍整理出版规划资助项目。这些入选项目体现了凤凰古籍人始终不渝的追求，树立了出版社的专业品牌形象。

几多耕耘，几多收获。凤凰出版社在专业出版领域辛勤耕耘，成果斐然，数十种图书荣获全国各级各类奖项及推荐：《册府元龟（校订本）》《赵翼全集》《陕西神德寺塔出土文献》《李太白全集校注》《文选旧注辑存》《京剧历史文献汇编·民国卷》等图书荣获中国出版政府奖；《全元文》《陆士衡文集校注》《宋代文学编年史》《文心雕龙解析》等荣获中华优秀出版物奖；《话说民国》《谪仙诗象：历代李白诗意书画》《画屏》《50 绝美：御宋》《燕京传薪录——中法汉学研究所未刊稿研究》等被评为“中国最美的书”；《长安道上：缤纷的唐人世界》入选“中国好书”月榜。

四、人才优先，有为有位

人才是第一资源，出版社始终高度重视古籍专业人才培养和队伍建设。上世纪八十年代引进硕士如薛正兴、吴小平等，九十年代引进硕士如姜小青、常宁文、王剑等。新世纪后引进硕博士近四十人加盟，涵盖文史哲多个领域。前辈中涌现出一批在全国知名的人才，如薛正兴作为学者型古籍整理出版专家，被任命为全国古籍整理出版规划领导小组成员；吴小平担任上市公司江苏凤凰出版传媒有限公司总经理；姜小青长期担任中国出版协会古籍出版工作委员会副主任兼秘书长，参与组织全国古联体的业务工作；高纪言、黄希坚、薛正兴、姜小青被评为享受国务院政府特殊津贴专家；姜小青入选中宣部全国宣传文化系统文化名家暨“四个一批”人才。

出版社坚持社会效益与经济效益有机结合，以事业留人、待遇留人、感情留人。在实践中，一批青年员工不断成长，逐渐挑起高质量发展的大梁。近年来，2 人获评中宣部宣传思想文化青年英才（出版界），1 人获评江苏省新闻出版广电（版权）系统劳动模范，1 人获评紫金文化新闻出版英才暨名编辑，1 人获评江苏省新闻出版英才暨“四名人才”，5 人获评江苏省新闻出版优青，1 人获评紫金文化新闻出版优青，1 人获评江苏省文化创意界——文创优青，2 人成为江苏省“333 高层次人才培养工程”第三层次培养对象，1 人荣获首届宋云彬古籍整理奖优秀青年编辑奖，1 人荣获第三届宋云彬古籍整理奖编辑奖，2 人入选凤凰出版传媒股份公司出版编辑专业人才库。一支复合型、创新型古籍出版人才队伍逐步成型，为凤凰出版社的业务转型和高质量发展增效赋能，成为推动我们事业不断发展的关键所在。

回顾凤凰出版社四十年的发展，我们在坚持专业化，追求古籍出版的专、精、特、尖、强，力争做“小众”出版中的“大家”的同时，也在努力摆脱固有思维，打破传统路径依赖，以更广阔的视角看待中华优秀传统文化，努力创新内容呈现方式，创新内容传播方式，让书写在古籍里的文字、文物里的故事活起来，让经典中的优秀传统文化因子以更接地气的方式进入寻常百姓家。

目录

贺词

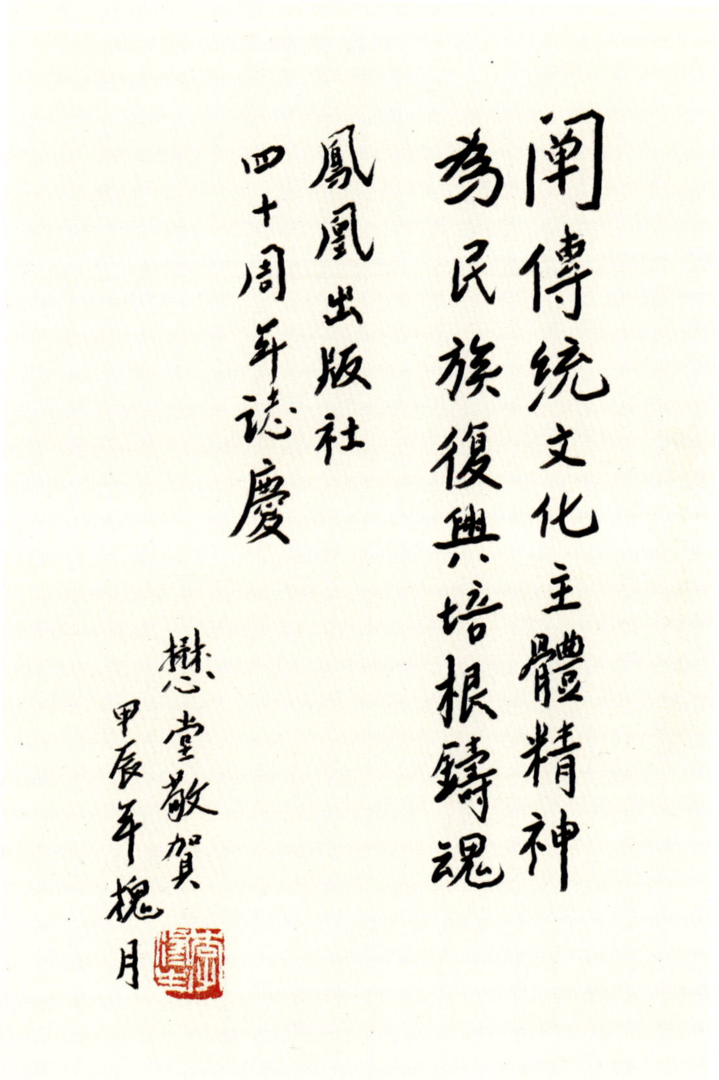

阐传统文化主体精神

为民族复兴培根铸魂

凤凰出版社四十周年志庆

懋堂敬贺

甲辰年槐月

北京师范大学　李修生

《全元文》（全 61 册）（1997—2005）

李修生　主编

2006 年荣获首届中华优秀出版物奖图书提名奖。

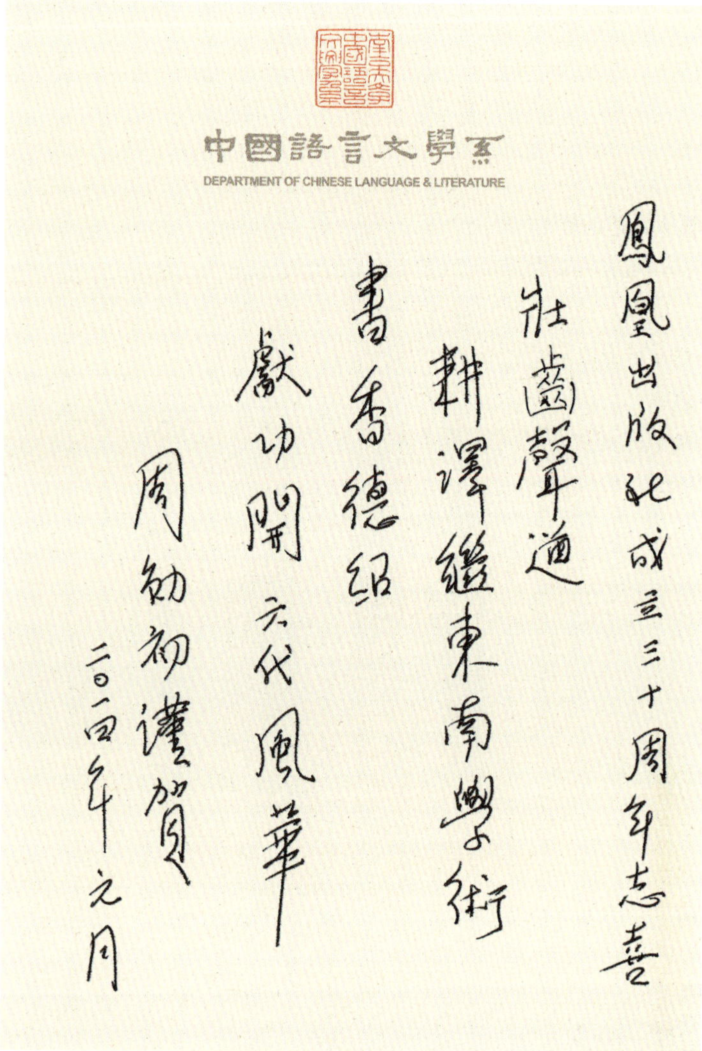

凤凰出版社成立三十周年志喜

壮齿声遒　耕泽继东南学术

书香德绍　献功开六代风华

周勋初谨贺

二〇一四年元月

南京大学　周勋初

（编按：2024 年 3 月 11 日，周先生遽归道山。谨录先生 2014 年为凤凰社成立三十周年所书贺词一幅，怀念先生，感恩先生！）

《文心雕龙解析》（全 2 册）（2015）

周勋初　著

2017 年荣获第六届中华优秀出版物奖图书提名奖。2021 年入选全国古籍整理出版规划领导小组办公室首批向全国推荐的 40 种经典古籍及其 179 个优秀整理版本。

《册府元龟（校订本）》（全 12 册）（2006）

周勋初 等　校订

2008 年荣获首届中国出版政府奖图书奖。2013 年入选国家新闻出版广电总局、全国古籍整理出版规划领导小组首届向全国推荐的 91 种优秀古籍整理图书。

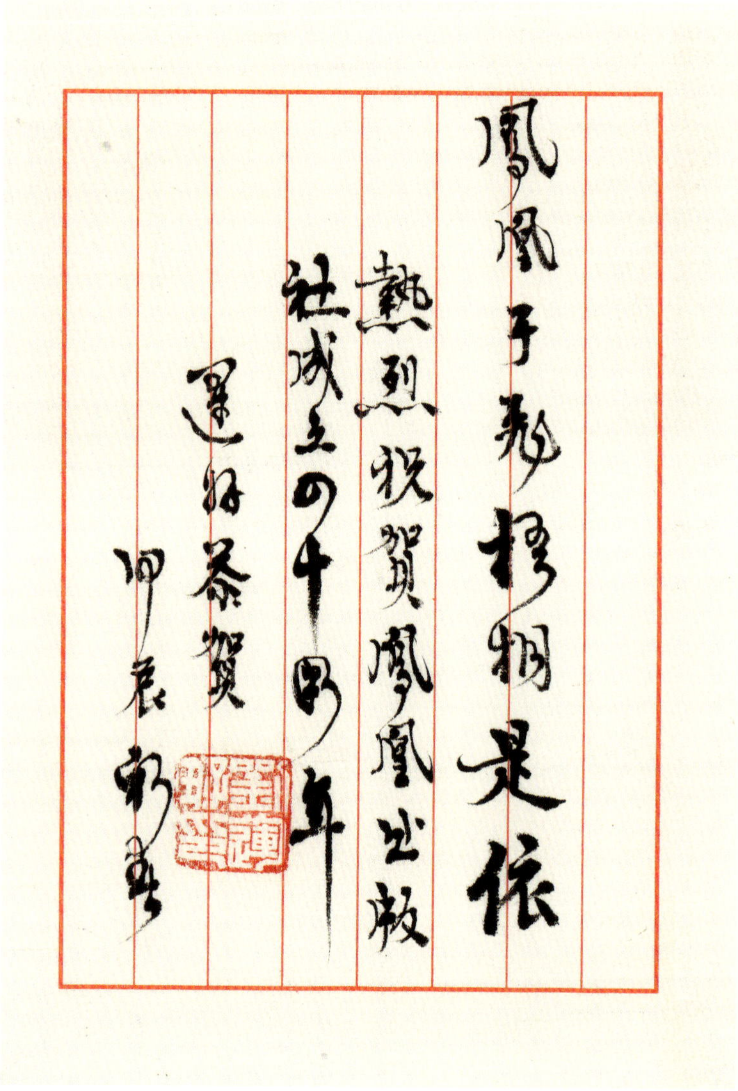

凤凰于飞　梧桐是依

热烈祝贺凤凰出版社成立四十周年

运好恭贺

甲辰新春

安徽师范大学　刘运好

《陆士衡文集校释》（全 2 册）（2021）

《陆士衡文集校释》（全 3 册）（2022）

《陆士衡文集校注》（全 2 册）（2007）、《陆士龙文集校注》（全 2 册）（2010）

刘运好　校注整理

2008 年《陆士衡文集校注》荣获第二届中华优秀出版物奖图书提名奖。2021 年修订后更名《陆士衡文集校释》，收入《江苏文库·精华编》。2022 年再次修订，收入“江南文脉”丛书。

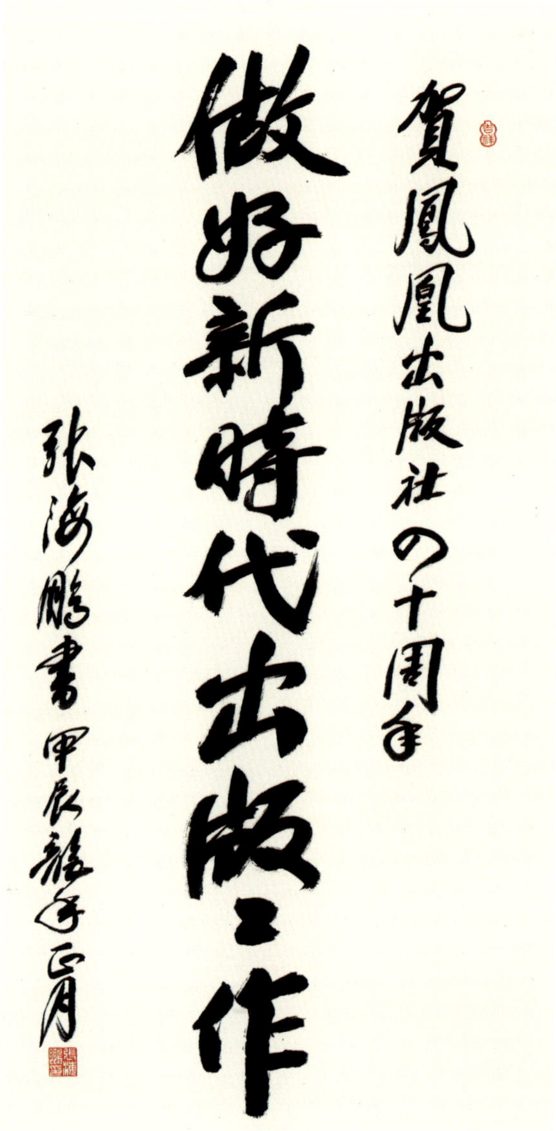
賀鳳凰出版社四十周年
做好新時代出版工作
張海鵬書 甲辰龍年正月

贺凤凰出版社四十周年

做好新时代出版工作

张海鹏书

甲辰龙年正月

中国社会科学院　张海鹏

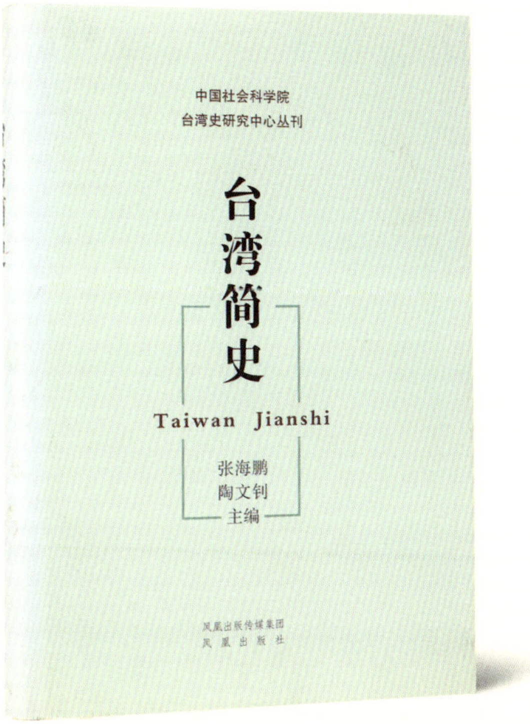

《台湾简史》(2010)

张海鹏、陶文钊　主编

2011 年入选第三届“三个一百”原创出版工程。

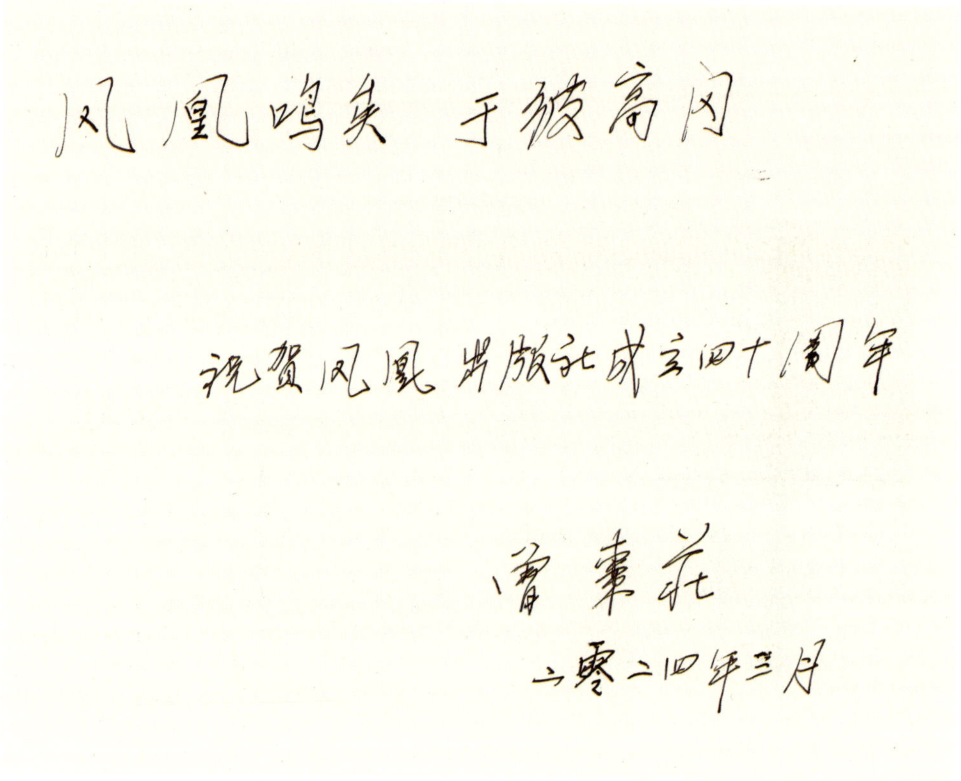

凤凰鸣矣　于彼高冈

祝贺凤凰出版社成立四十周年

曾枣庄

二零二四年三月

凤凰鸣矣　于彼高冈

祝贺凤凰出版社成立四十周年

曾枣庄

二〇二四年三月

四川大学　曾枣庄

《宋代文学编年史》（全4册）（2010）

曾枣庄、吴洪泽　著

2013年荣获第四届中华优秀出版物奖图书奖。

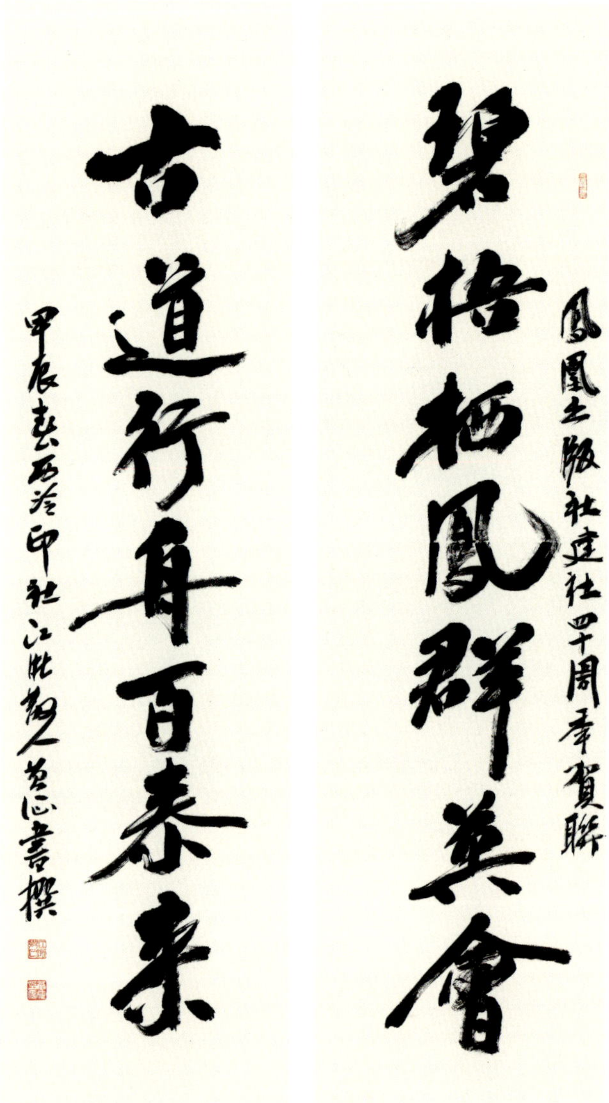
碧梧栖鳳群英會
古道行舟百泰来

凤凰出版社建社四十周年贺联

碧梧栖凤群英会

古道行舟百泰来

甲辰春西泠印社江浙散人黄征书撰

南京师范大学　黄征

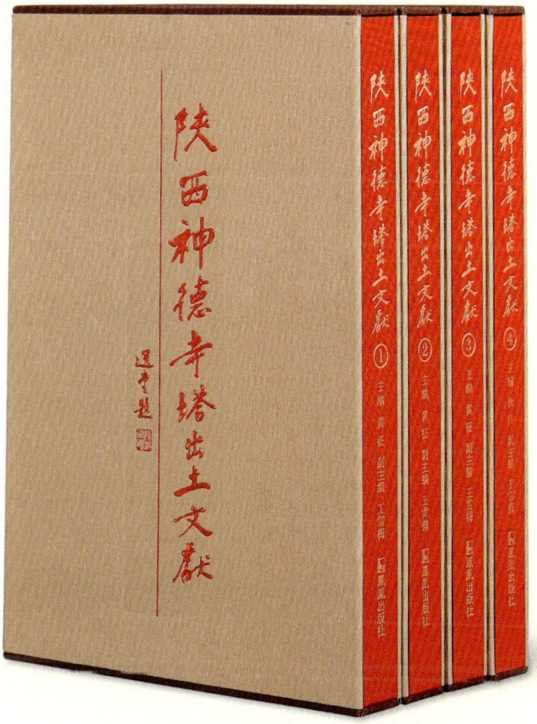

《陕西神德寺塔出土文献》（全 4 册）（2012）

黄征　主编

2013 年荣获第三届中国出版政府奖图书提名奖。

祝贺凤凰出版社建社四十周年

万里丹山飞彩凤

卌年书海挂云帆

甲辰春月郁贤皓撰

朱玉麒书

南京师范大学　郁贤皓

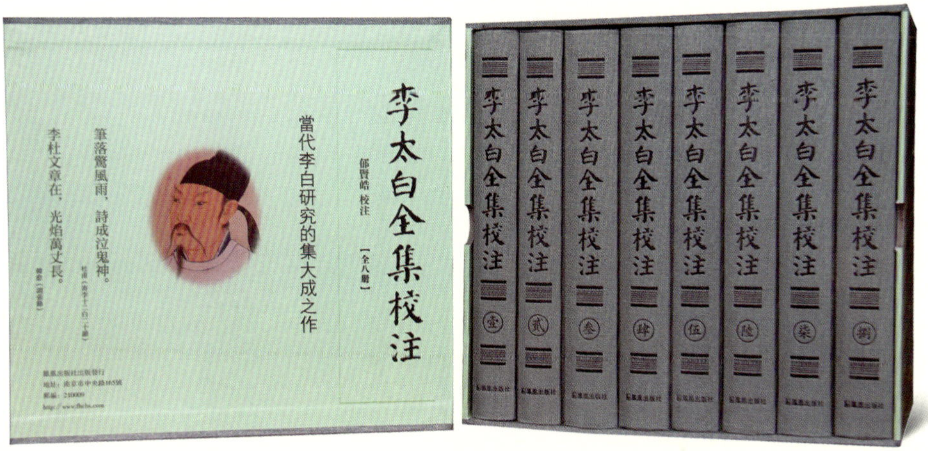
李太白全集校注
郁賢皓 校注
【全八冊】
當代李白研究的集大成之作
筆落驚風雨，詩成泣鬼神。
李杜文章在，光焰萬丈長。

《李太白全集校注》（全 8 册）（2015）

郁贤皓　校注

2018 年荣获第四届中国出版政府奖图书奖。2021 年入选全国古籍整理出版规划领导小组办公室首批向全国推荐的 40 种经典古籍及其 179 个优秀整理版本。

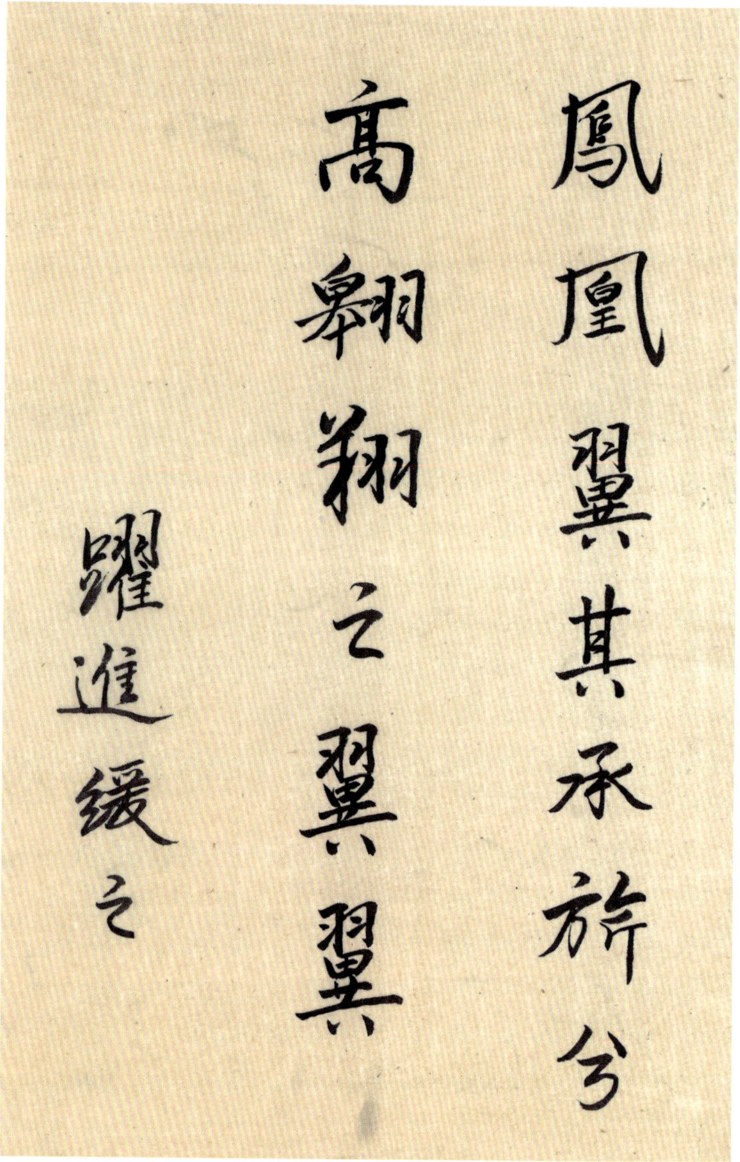
鳳凰翼其承旂兮
高翱翔之翼翼
躍進緩之

凤凰翼其承旂兮

高翱翔之翼翼

跃进缓之

中国社会科学院　刘跃进

《文选旧注辑存》（全 20 册）（2017）

刘跃进 编著；徐华 校订

2021 年荣获第五届中国出版政府奖图书奖。同年入选全国古籍整理出版规划领导小组办公室首批向全国推荐的 40 种经典古籍及其 179 个优秀整理版本。

四十年足迹

文化部文件

文出字（83）第2348号

同意江苏省成立教育、少儿、美术、古籍等四家专业出版社

江苏省出版局：

苏出发（83）第120号文收悉。经研究，同意建立江苏教育出版社（社号351）、江苏少年儿童出版社（社号352）、江苏美术出版社（社号353）和江苏古籍出版社（社号354）。

请你们加强对这几家专业出版社的领导，促其认真贯彻党的出版方针，坚持按专业分工出书，并大力突出地方特色，切实保证出书质量。

原副牌金陵书画社应予撤销，其出版任务分别由江苏古籍出版

—1—

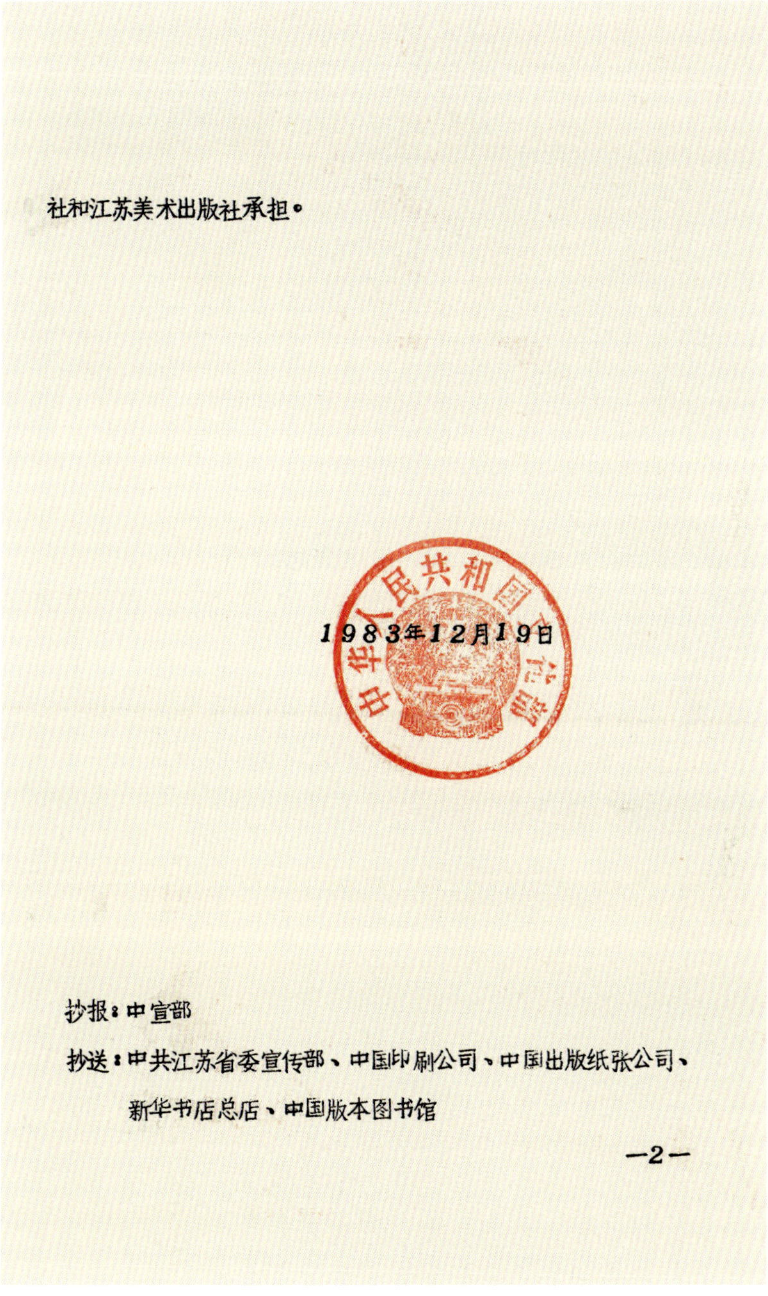
社和江苏美术出版社承担。

1983年12月19日

抄报：中宣部

抄送：中共江苏省委宣传部、中国印刷公司、中国出版纸张公司、新华书店总店、中国版本图书馆

—2—

江苏古籍出版社由江苏人民出版社文史编辑室独立组建成社，
据文化部 1983 年 12 月 19 日文出字（83）第 2348 号文件批准成立。

1986 年 1 月 17 日在南京江苏美术馆举办江苏新书展览，著名学者孙望、徐复、周勋初等出席。

1986 年苏州建城 2500 周年，在苏州古籍书店举行“苏州地方文献”新书发布会。

1987 年 3 月 29 日在上海福州路古籍书店举行唐圭璋教授主编《唐宋词鉴赏辞典》首次发行会，该书畅销全国，1987 年荣获全国优秀畅销书奖。

1989 年 11 月 3 日—5 日，由江苏古籍出版社、上海书店出版社、巴蜀书社三家联合在扬州召开《中国地方志集成》全国发行工作研讨会。

1990 年 12 月 15 日江苏古籍出版社中级职称评委会评委合影：

前排左起：金启华　徐　复　卞孝萱　高纪言　王士君
后排左起：章耀达　黄希坚　饶钦珩

1990年9月6日—10日全国十四家古籍出版社在南京丁山宾馆召开“中国古籍读物出版研讨会”。省委常委、宣传部部长王霞林，副省长吴锡军，省新闻出版局局长蒋迪安等出席，上海古籍出版社、上海书店出版社、三秦出版社、山西古籍出版社、浙江古籍出版社、齐鲁书社、巴蜀书社、岳麓书社、黄山书社、吉林文史出版社、中州古籍出版社、天津古籍出版社、辽沈书社、江苏古籍出版社代表出席，高纪言社长主持会议。

1991 年 5 月在苏州东山举行江苏省古籍读物出版研讨会，著名学者吴泽、苏渊雷、徐复、茅家琦、汤志钧、钱伯诚、卞孝萱、郁贤皓、杜继文、徐苹芳等出席。局领导蒋迪安，社领导高纪言、王士君、陆国斌、蒋才喜、汤敬昭等与专家学者合影。

1991 年 9 月 23 日《版画纪程——鲁迅藏中国现代木刻全集》首发式在北京举行，中央领导胡乔木、邓力群等出席。

1993 年 12 月 17 日—20 日在江苏美术馆举办“江苏书报刊汇报展”，省委、省政府、省人大、省政协有关领导沈达人、孙家正、孙颔、王霞林、季允石、梁保华等参观江苏古籍出版社展台。

1996 年 7 月 16 日中国出版成就展在北京举办，副省长张怀西、省新闻出版局副局长王建邦陪同中央领导丁关根、广电部部长孙家正观看《敦煌壁画摹本珍藏本》。

上图左起：王霞林、陈焕友、石启忠、薛正兴

下图左起：薛正兴、吴锡军、张怀西

上图左起：吴小平、张连珍
下图左起：蒋迪安、桂晓风、胡慧斌

1996年10月28日，江苏出版成就展开展，省委、省人大、省政府领导陈焕友、王霞林、吴锡军、张怀西、张连珍，新闻出版署副署长桂晓风，江苏省新闻出版局局长石启忠，副局长王传明、王於良，老局长蒋迪安等参观江苏古籍出版社展台。薛正兴社长、吴小平副总编辑、胡慧斌副社长介绍情况。

1997 年全国古籍图书订货会在南京钟山宾馆礼堂举行，由江苏古籍出版社承办，江苏省新闻出版局副局长张佩清出席，薛正兴社长主持开幕式。

1997 年 12 月 12 日在南京钟山宾馆礼堂（励志社旧址，当年审判日本战犯之所）举办《侵华日军南京大屠杀图集》暨光盘首发式。中央电视台新闻联播报道该书出版。日本共同社对该图集出版进行报道，并采访薛正兴社长。

1998 年 11 月 3 日—4 日首届华东地区古籍优秀图书奖评奖会暨社长年会在南京举办。

1999 年 9 月，为迎接中华人民共和国成立 50 周年大庆，举办江苏出版成就展，省领导胡福明、王湛，江苏省新闻出版局老局长高斯参观江苏古籍出版社展位。

2002 年 5 月 28 日，《佛教大辞典》主编任继愈、副主编杜继文与该书责编之一马清江社长交谈。

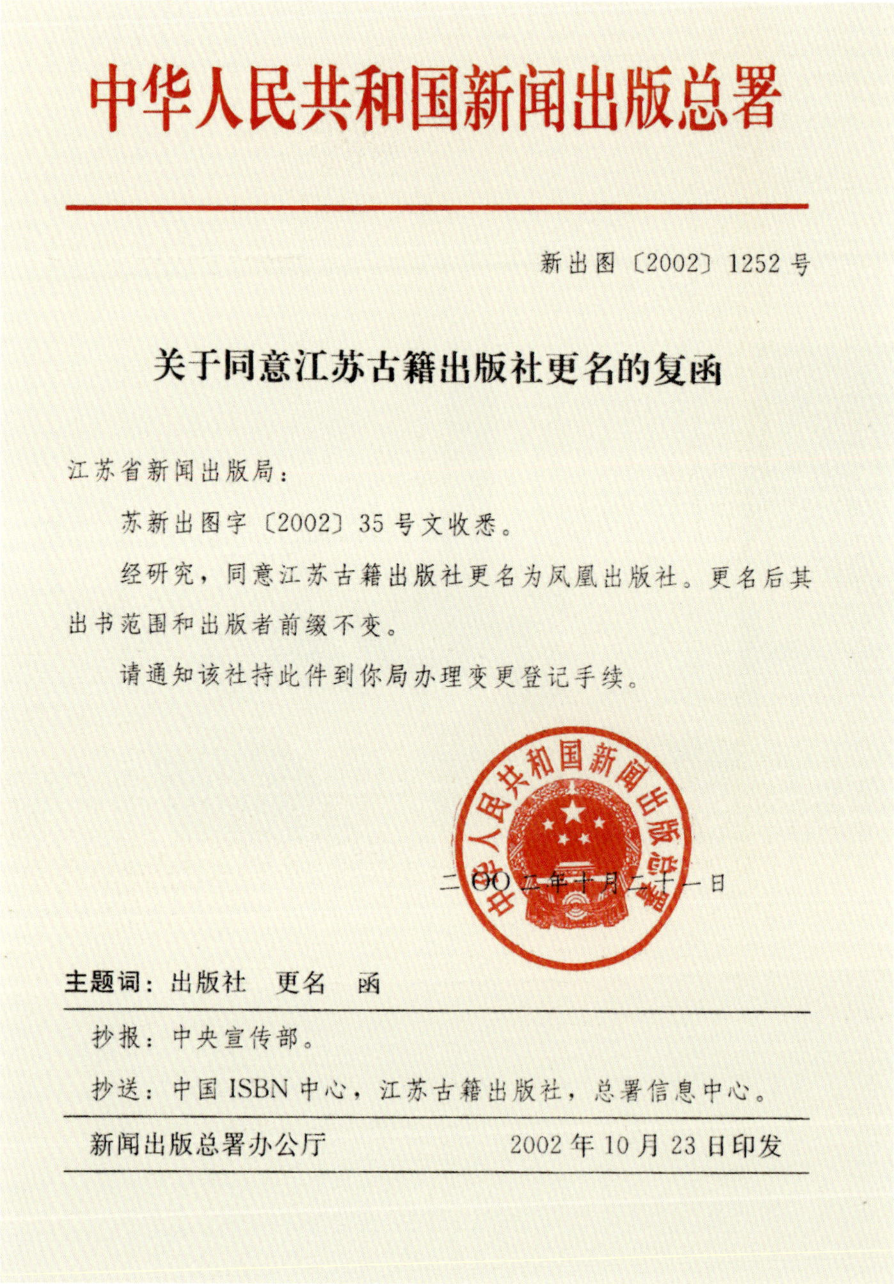

中华人民共和国新闻出版总署

新出图〔2002〕1252 号

关于同意江苏古籍出版社更名的复函

江苏省新闻出版局：

苏新出图字〔2002〕35 号文收悉。

经研究，同意江苏古籍出版社更名为凤凰出版社。更名后其出书范围和出版者前缀不变。

请通知该社持此件到你局办理变更登记手续。

二OO二年十月二十一日

主题词：出版社　更名　函

抄报：中央宣传部。

抄送：中国 ISBN 中心，江苏古籍出版社，总署信息中心。

新闻出版总署办公厅　　2002 年 10 月 23 日印发

据中华人民共和国新闻出版总署 2002 年 10 月 21 日新出图〔2002〕1252 号文件，江苏古籍出版社更名为凤凰出版社，出书范围和出版者前缀不变。

2006 年 1 月 13 日《全元文》出版座谈会在北京人民大会堂举行，全国人大常委会副委员长许嘉璐，新闻出版总署副署长邬书林，江苏省委常委、宣传部部长孙志军，北京师范大学校长钟秉林，江苏省新闻出版局局长徐毅英，凤凰出版传媒集团党委书记、董事长谭跃，总经理陈海燕，副总经理吴小平，《全元文》顾问郭预衡，主编李修生及著名学者蔡美彪、陈高华、邓绍基等出席。

南京大学莫砺锋教授《莫砺锋说唐诗》《漫话东坡》出版后受到读者热捧，先后在北京、上海、济南、成都、南京、苏州、无锡等地举办签售及讲座活动。《莫砺锋说唐诗》入选 2009 年全国优秀畅销书榜单。

2008 年 10 月《话说民国》新书发布会在上海古籍书店举办。

新闻出版总署文件

新出审字〔2009〕148号

关于同意江苏凤凰出版传媒集团所属图书出版单位变更名称的批复

江苏省新闻出版局：

你局苏新出图字〔2009〕41号文收悉。

经研究，同意江苏凤凰出版传媒集团所属江苏人民出版社更名为江苏人民出版社有限公司（简称：江苏人民出版社），江苏科学技术出版社更名为江苏凤凰科学技术出版社有限公司（简称：江苏凤凰科学技术出版社），江苏教育出版社更名为江苏凤凰教育出版社有限公司（简称：江苏凤凰教育出版社），江苏少年儿童出版社更名为江苏凤凰少年儿童出版社有限公司（简称：江苏凤凰少年儿童出版社），江苏美术出版社更名为江苏凤凰美术出版社有限公司（简称：江苏凤凰美术出版社），江苏文艺出

— 1 —

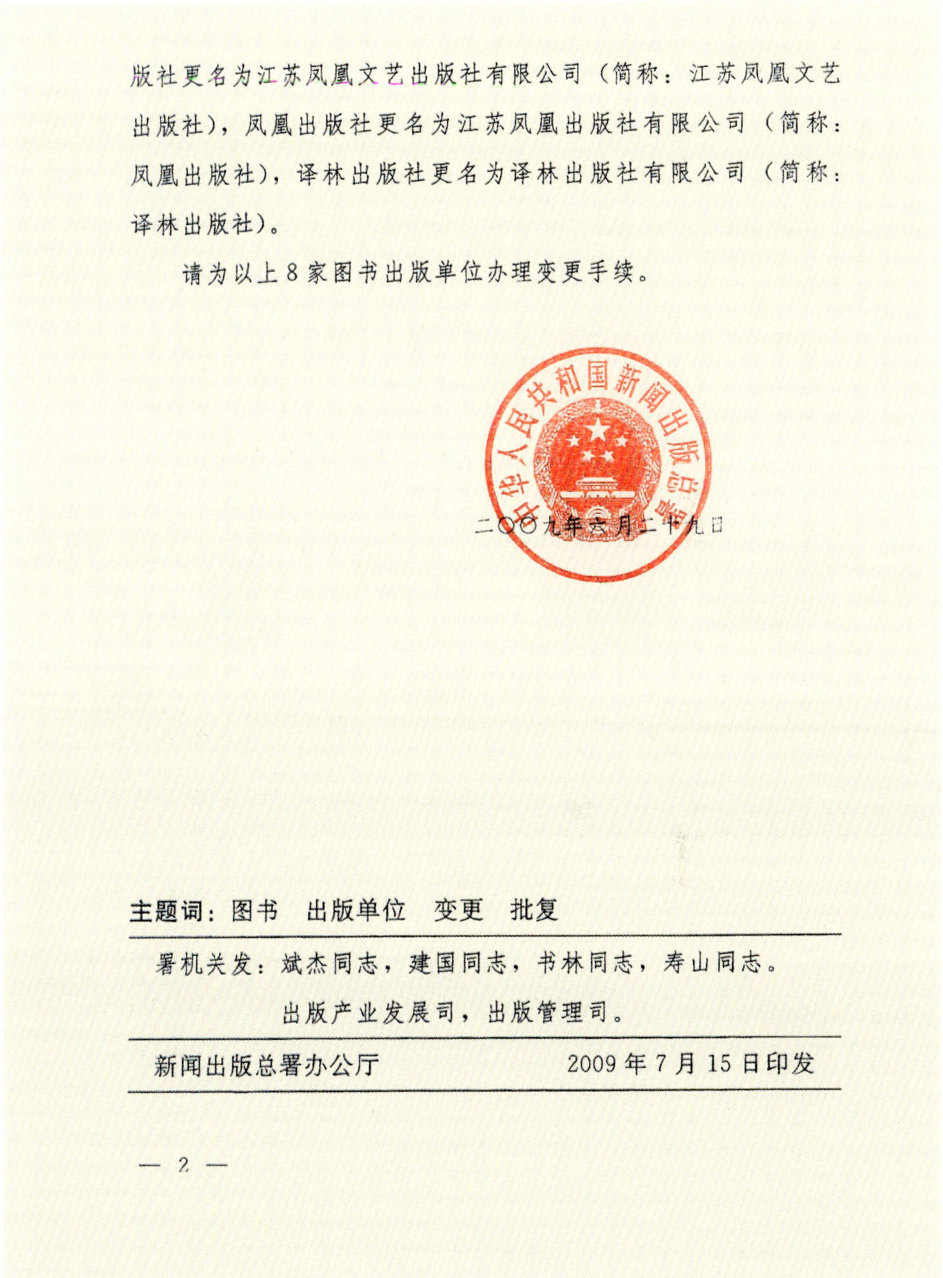

版社更名为江苏凤凰文艺出版社有限公司（简称：江苏凤凰文艺出版社），凤凰出版社更名为江苏凤凰出版社有限公司（简称：凤凰出版社），译林出版社更名为译林出版社有限公司（简称：译林出版社）。

请为以上8家图书出版单位办理变更手续。

中华人民共和国新闻出版总署

二〇〇九年六月二十九日

主题词：图书　出版单位　变更　批复

署机关发：斌杰同志，建国同志，书林同志，寿山同志。
出版产业发展司，出版管理司。

新闻出版总署办公厅　　2009年7月15日印发

— 2 —

凤凰出版社转企改制，由事业单位转为企业。新闻出版总署2009年6月29日新出审字〔2009〕148号文件明确凤凰出版社更名为江苏凤凰出版社有限公司。

2010年1月6日《中华大典·文学典》出版座谈会在北京举行，国家新闻出版总署署长、《中华大典》工作委员会主任柳斌杰，中宣部原副部长、《中华大典》工作委员会副主任李彦，中宣部出版局副局长刘建生，国家新闻出版总署图书司司长吴尚之，江苏省委宣传部副部长梁勇，江苏省文明办副主任韩松林，江苏省新闻出版局局长徐毅英、副局长黄海宁，凤凰出版传媒集团董事长谭跃、副总经理吴小平，老同志伍杰、蒋迪安、石启忠等出席。

2010年11月7日—14日第九期全国古籍整理出版编辑培训班在南京举办。

2012年6月8日《江苏通史》首发式暨研讨会由江苏省社会科学院与凤凰出版传媒集团共同举办，省委常委、宣传部部长王燕文，省委老领导陈焕友、顾浩、胡福明，江苏省社会科学院院长刘志彪，江苏省政府参事室主任、《江苏通史》主编宋林飞，南京大学教授茅家琦，凤凰出版传媒集团党委书记、董事长、总经理陈海燕出席。

2012 年 9 月 14 日《二十世纪三十年代国情调查报告》新书首发式在中国书店举行。

2013 年 1 月 18 日《台湾史稿》出版发布会在北京举行，中国社会科学院副院长武寅、原副院长朱佳木、国台办副主任孙亚夫、中共中央党史研究室原副主任张启华、凤凰出版传媒股份有限公司总经理周斌等出席。

2013 年 11 月 30 日《子海》首批重大成果发布会在济南山东大学举行，海峡两岸携手合作共同出版《子海珍本编》，《子海珍本编》（大陆卷第一辑）由凤凰出版社出版，《子海珍本编》（台湾卷）由台北商务印书馆出版，国台办副主任孙亚夫，山东省委常委、常务副省长孙伟，山东大学党委书记李守信、山东大学校长张荣等出席发布会。姜小青社长介绍大陆卷出版情况。

2016 年 4 月 23 日郁贤皓教授《李太白全集校注》新书发布暨学术座谈会在南京凤凰京华大酒店举行。

2018 年 1 月 13 日刘跃进教授编著《文选旧注辑存》新书发布会在中国社会科学院文学研究所举行。

2015 年 12 月 12 日《文选旧注辑存》二校样审稿会在中国社会科学院文学研究所召开。

2018 年 3 月 20 日《自贡盐业历史档案·契约卷》新书发布会在四川省自贡市举行。

2018 年 8 月 19 日王锷教授主编《学礼堂访谈录》读者见面会在上海书展举行。

2019 年 4 月 20 日莫砺锋教授《莫砺锋文集》新书发布暨学术研讨会在南京大学文学院举行。

2019 年 10 月 20 日郁贤皓教授《李太白全集校注》荣获第二届宋云彬古籍整理奖图书奖。

2020 年 7 月 23 日，第十届江苏书展，“长三角一体化的历史渊源——《江南通志》新书发布会”在苏州举行。

2020 年 10 月 14 日，南京秋季馆配会，凤凰集团董事长孙真福（左二）、凤凰传媒总经理佘江涛（左一）视察凤凰社展位。

2020 年 11 月 24 日《长江历史图谱》新书发布会在江苏省政府新闻发布厅举行。发布会由江苏省地方志编纂委员会办公室、江苏凤凰出版传媒集团联合举办。

2021 年 4 月 1 日孟彦弘、朱玉麒教授主编“凤凰枝文丛”出版座谈会在北京大学中国古代史研究中心举办。

2021 年 7 月 7 日、第十一届江苏书展，2020 年“苏版好书”颁奖，倪培翔社长（左四）代表凤凰社领奖。

2021 年 7 月 9 日，第十一届江苏书展，“大宋英华——《莫砺锋讲宋诗课》《王兆鹏讲宋词课》新书分享会”在苏州举行。

2021 年 10 月 23 日“唐诗的立体观照——陈尚君教授《诗唱大唐》新书签售会”在上海古籍书店举办。

2022 年 5 月 17 日《江苏历代方志全书》新书发布会在江苏省政府新闻发布厅举行。发布会由江苏省政府办公厅主办。

2022 年 7 月 2 日，第十二届江苏书展，“姑苏梦华录——郭宝平著《范仲淹》新书首发暨分享会”在苏州举行。

2022 年 6 月 11 日“石刻中的六朝——《南朝气韵：六朝石刻碑帖讲演录》新书发布会”在南京可一书店举行。

凤凰社会议室，南京大学文学院教授程章灿发言（左三）。

中国社会科学院学部委员刘跃进连线发言。

2022 年 8 月 4 日《俞樾全集》新书发布会以线上线下相结合方式举行。

2022 年 10 月 14 日《古典文学知识》改版座谈会在凤凰社会议室举行。

2023 年 2 月 21 日“文学文献学”大视野暨《中古文学文献学（增订版）》出版座谈会在中国社会科学院举办。

2023 年 2 月 22 日凤凰社一行拜访北京大学教授、全国高等院校古籍整理研究工作委员会荣誉主任安平秋先生（左一）。

2023 年 3 月 17 日“同调共鸣，相得益彰——凤凰出版社作者恳谈会”在南京金陵饭店举办。

2023 年 6 月 13 日凤凰社与凤凰报刊传媒签订《古典文学知识》合作办刊协议。

2023 年 7 月 1 日，第十三届江苏书展，莫砺锋教授《漫话东坡》（修订版）新书首发签售会在苏州举办。

2023 年 7 月 27 日第三十一届全国图书博览会在济南举行，江苏省委宣传部常务副部长梁勇（左二），凤凰集团董事长章朝阳（左一）、总经理李贞强（左四）视察凤凰社展位。

2023 年 9 月 24 日“大唐帝国的制度与权力——《唐刺史考全编》《唐九卿考》新版分享会”在南京万象书坊举办。

2023 年 10 月 9 日，南京秋季馆配会，凤凰集团董事长章朝阳（左二）、总经理李贞强（左三）视察凤凰社展位。

2023 年 10 月 15 日“程千帆先生诞辰 110 周年纪念会暨《程千帆全集》新书发布会”在南京大学鼓楼校区举办。会议由南京大学文学院和凤凰出版社联合主办。

2023 年 12 月 8 日凤凰集团总经理李贞强（右二）来社调研。

2023 年 12 月 10 日“近代士人的家国记忆与生活图景——《中国近现代稀见史料丛刊》第十辑发布会”在广州中山大学人文高等研究院举办。

三位主编与凤凰社项目统筹人合影。

2024 年 1 月 10 日詹福瑞教授“历代唐诗经典选本丛刊”项目工作推进会在北京举行。

2024 年 3 月 28 日凤凰集团副总经理、凤凰传媒总编辑徐海（左一）和凤凰传媒副总经理袁楠（左二）来社调研。

2024 年 6 月 6 日凤凰集团党委书记、董事长章朝阳（右一）来社调研。

热烈欢迎
中华书局党委书记、执行董事肖启明一行
莅临指导
好学深思 心知其意

2024 年 8 月 8 日中华书局党委书记、执行董事肖启明来社考察。

四十年书影

古书画伪讹考辨

施耐庵研究
江苏省社会科学院文学研究所编
江苏古籍出版社

西游记研究
江苏古籍出版社

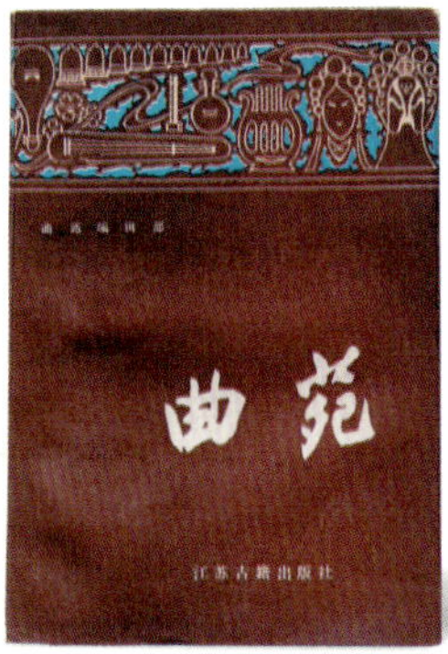
曲苑
江苏古籍出版社

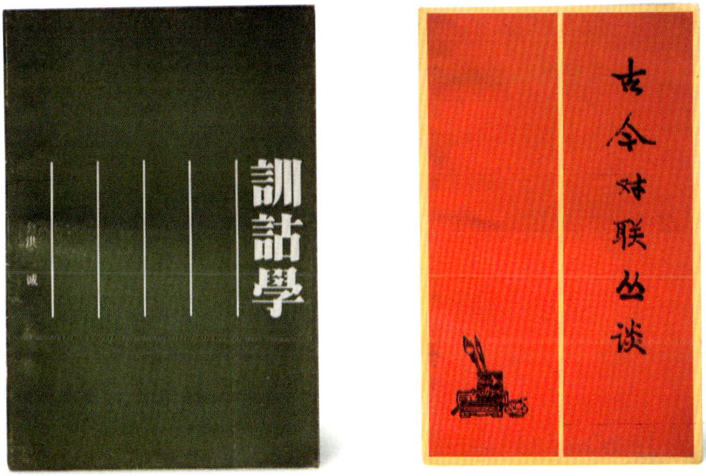

江苏古籍出版社创立后出版的第一批书：

《古书画伪讹考辨》《施耐庵研究》《古今对联丛谈》《西游记研究》《训诂学》等（1984）。

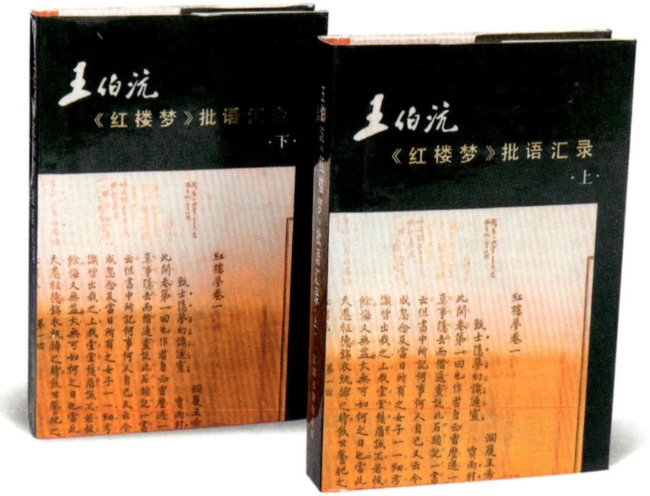

《王伯沆〈红楼梦〉批语汇录》（全 2 册）（1985）

《战国策集注汇考》（全 3 册）（1985）

《康有为大同书手稿》（全 4 册）（1985）

1987 年荣获第一届中国图书奖荣誉奖。

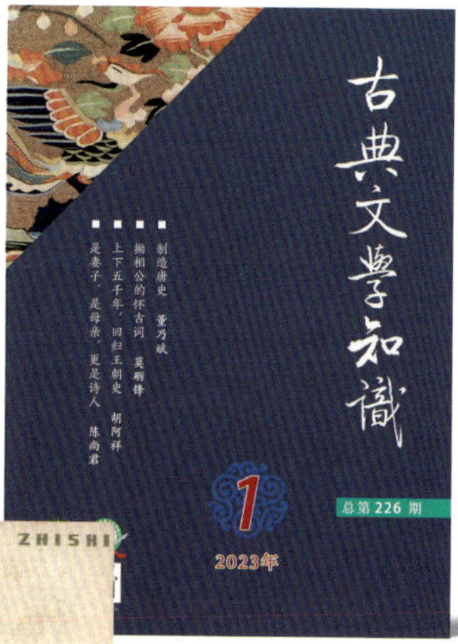

1986 年 1 月 29 日《古典文学知识》创刊号（第 1 期）出版。2023 年 1 月升级改版，开本由 32 开改为 16 开，全彩印制，刊期由双月出刊改为单月，同步推出少年国学版（单月刊）。截至 2023 年底，已出版 38 年，出刊 250 期。

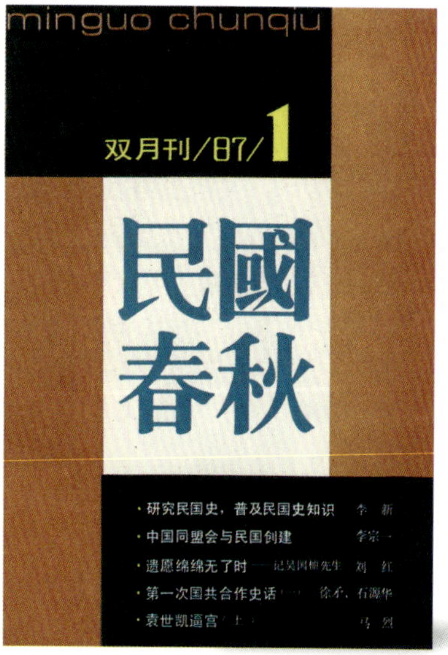

1987 年 1 月《民国春秋》创刊号（第 1 期）出版，由江苏古籍出版社主办。该刊于 2001 年停刊，历时 15 年，共计出刊 90 期。

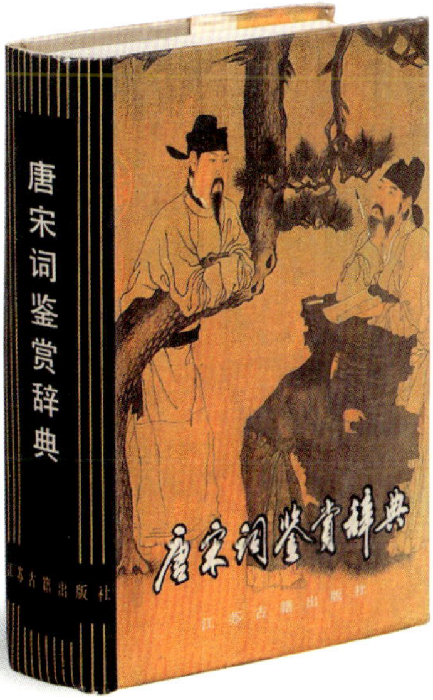

《唐宋词鉴赏辞典》(1986)

1987 年荣获全国畅销书奖。

《唐刺史考》(全 5 册) (1987)

香港中华书局同时出版海外版。1988 年荣获第二届中国图书奖荣誉奖。

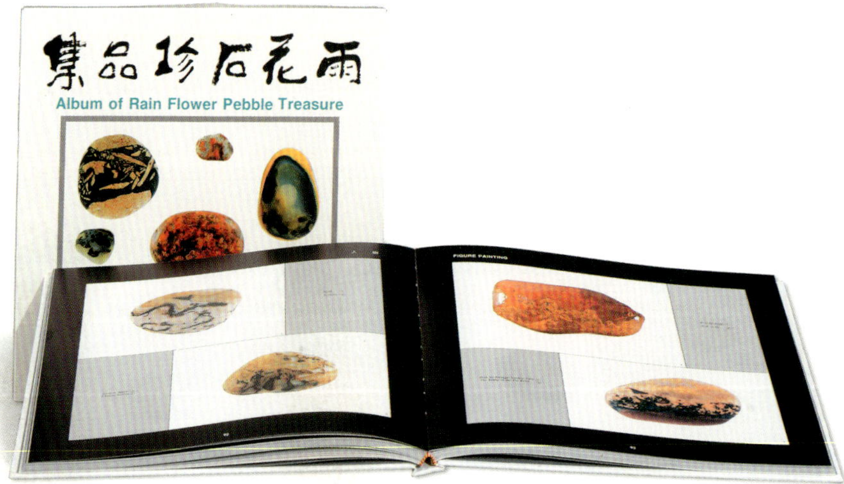

《雨花石珍品集》（1989）

荣获 1989 年度香港最佳印制书籍奖。

《清诗纪事》(全 22 册)(1987—1989)

1990 年荣获第四届中国图书奖一等奖。

1994 年荣获第一届国家图书奖提名奖。

2013 年入选国家新闻出版广电总局、全国古籍整理出版规划领导小组首届向全国推荐的 91 种优秀古籍整理图书。

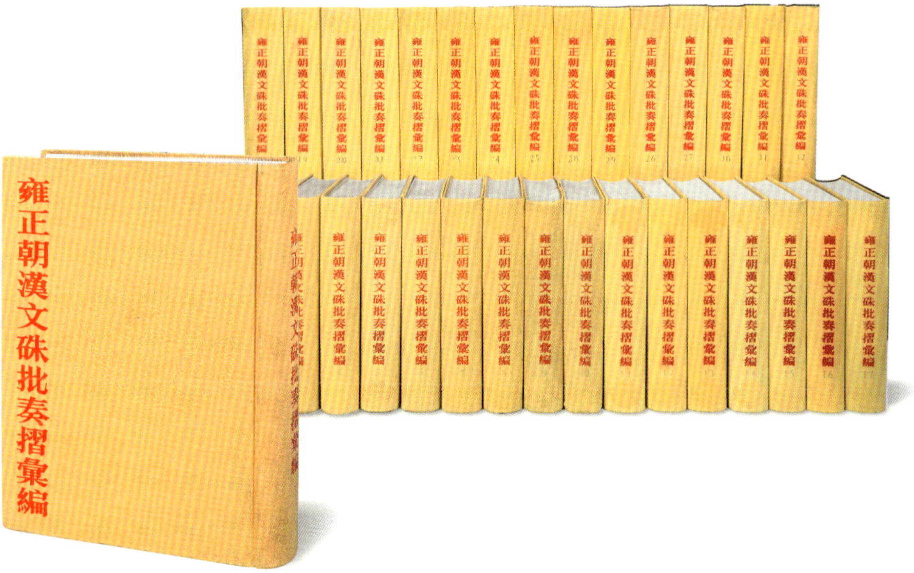

《雍正朝汉文朱批奏折汇编》(全 40 册)(1989)

由中国第一历史档案馆及台北故宫博物院所藏合璧成书。

《南京国民政府外交部公报》(全42册)(1990)

《汪伪国民政府公报》（全 15 册）（1991）

《奉系军阀档案史料汇编》(全 12 册)(1990)

“中国话本大系”(1990—1998)

《南京解放》(1990)

邓小平同志亲笔题写书名。

《版画纪程——鲁迅藏中国现代木刻全集》（全 5 册）（1991）

《中国地方志集成·江苏府县志辑》(全68册)(1991)

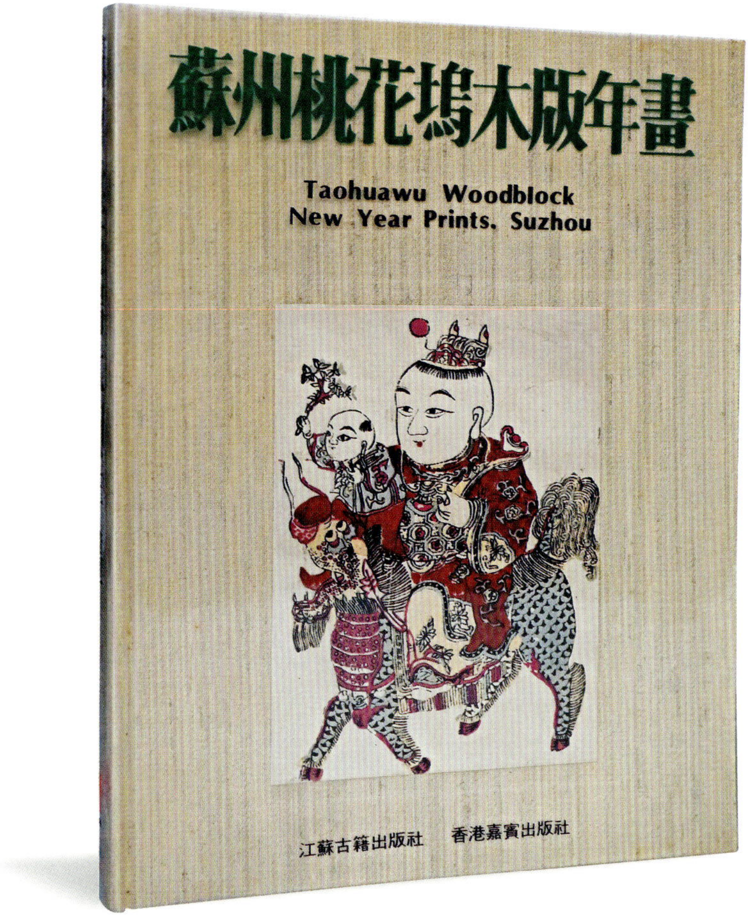

《苏州桃花坞木版年画》（1991）

从香港中华书局引进版权出版“诗词坊”“小说轩”（1991—1992）。

中国社会科学院主办《文学遗产》于 1992 年—1997 年计 6 年由江苏古籍出版社编辑出版，共 36 期。

全国高等院校古籍整理研究工作委员会主办《中国典籍与文化》于 1992 年创刊起由江苏古籍出版社编辑出版，迄今出刊已 33 年，截至 2023 年底共计出刊 127 期。

“中国古文献研究丛书”（1992）

1993 年荣获第七届中国图书奖。

《近代诗钞》（全 3 册）（1993）

《袁枚全集》(全8册)(1993)

1994年荣获第八届中国图书奖。

《敦煌壁画摹本珍藏本》(1993)

《冯梦龙全集》（全 22 册）（1993）

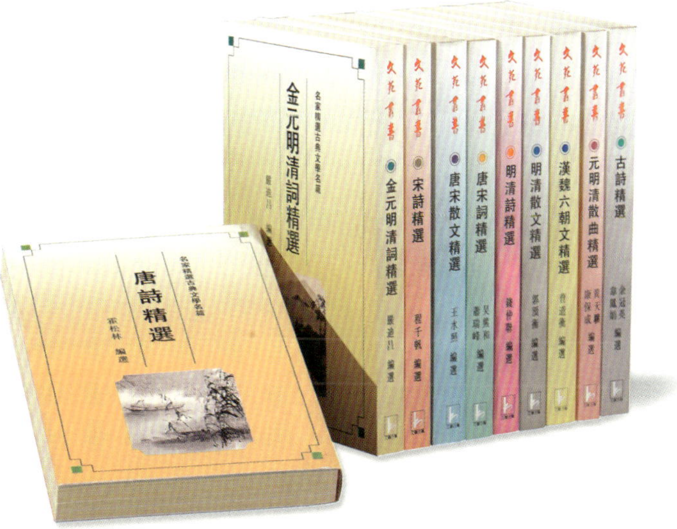

“文苑丛书——名家精选古典文学名篇”（1993）
1994 年荣获首届中国青年优秀图书奖。

《中国佛教丛书 · 禅宗编》（全 12 册）（1993）

《中央日报》（全 60 册）（1994）

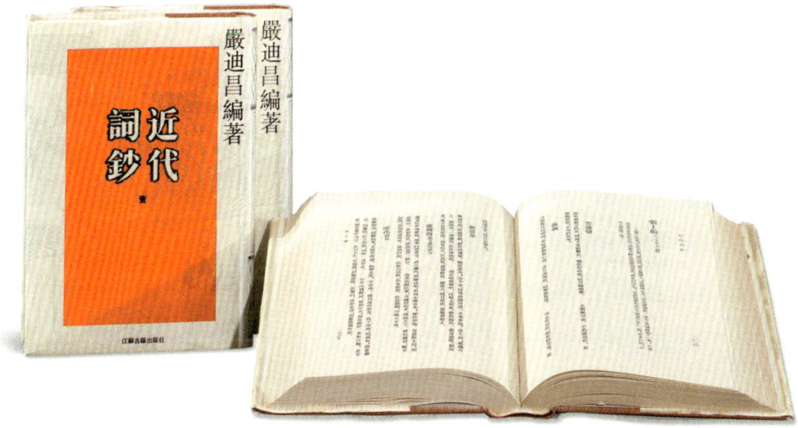

《近代词钞》（全3册）（1996）

“民国春秋丛书”（1996）

“敦煌文献分类录校丛刊”（全 10 种 12 册）（1996—1998）

1999 年荣获第四届国家图书奖提名奖。

“文学遗产丛书”（1997—1998）

《江苏省志》1993 年开始出版，至 2007 年 12 月基本完成。共编修 6 大部类 92 卷 108 部 119 册，8000 多万字。江苏古籍出版社计出版《江苏省志》51 部，占近一半。其中《江苏省志·财政志》1997 年荣获全国地方志优秀成果一等奖。

《明诗话全编》（全 10 册）（1997）

1998 年荣获第十一届中国图书奖。

《嘉定钱大昕全集》（全 10 册）（1997）

《侵华日军南京大屠杀图集》(1997)

《侵华日军南京大屠杀档案》《侵华日军南京大屠杀史料》《侵华日军南京大屠杀史稿》(1997)

《小学生常用汉字形音规范手册》《中学生语言文字规范手册》（1998）

两本图书由江苏省中小学教材审查委员会审查通过，发行量达600余万册。

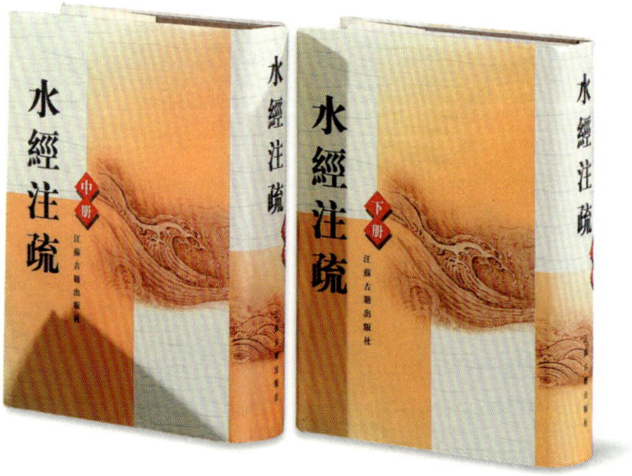

《水经注疏》（全3册）（1989年初版，1999年再版）

2013年入选国家新闻出版广电总局、全国古籍整理出版规划领导小组首届向全国推荐的91种优秀古籍整理图书。

《雨花台忠魂图集》(1999)

“江苏地方文献丛书”（全 21 种 22 册）（1999）

《周勋初文集》（全 7 册）（2000）

2023 年，新版《周勋初文集》（全 20 册）出齐。

《周勋初文集》（全 20 册）（2021—2023）

《洪诚文集》（2000）

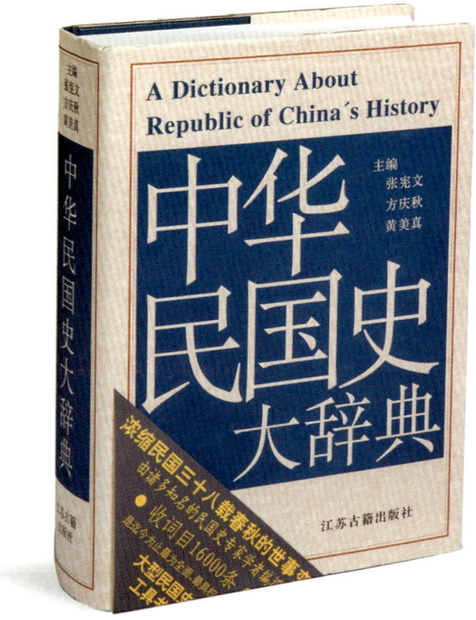

《中华民国史大辞典》（2001）

“中国版本文化丛书”（全 14 种）（2002）

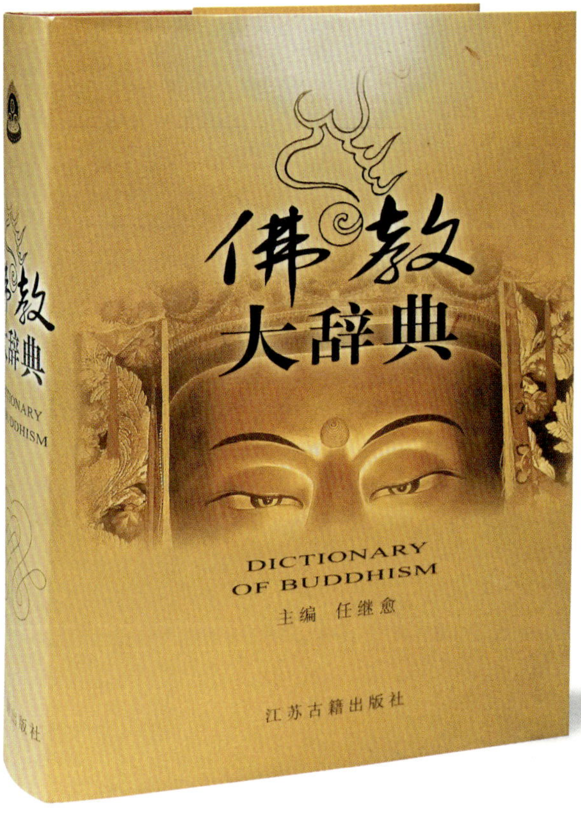

《佛教大辞典》（2002）

《唐诗大辞典（修订本）》《宋词大辞典》《元曲大辞典（修订本）》（2003）

《范仲淹全集》（全 2 册）（2004）

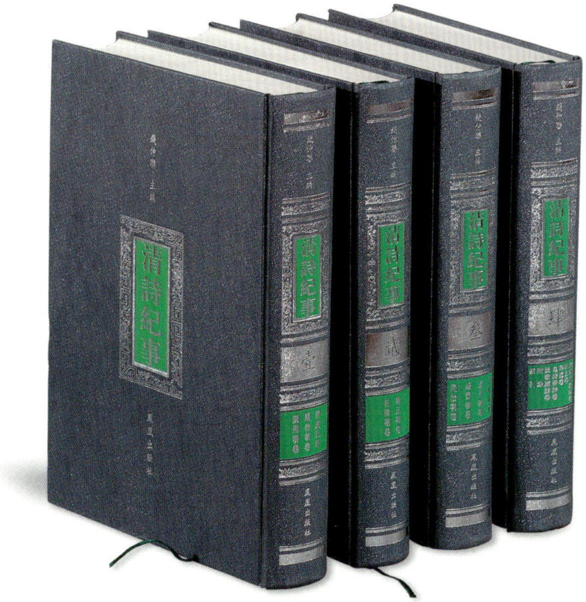

《清诗纪事》（全 4 册 附索引）（2004）

《灵境诗心——中国古代山水诗史》(2004)

《清经解　清经解续编》(全13册)(2005)

《辽金元诗话全编》(全 4 册)(2006)

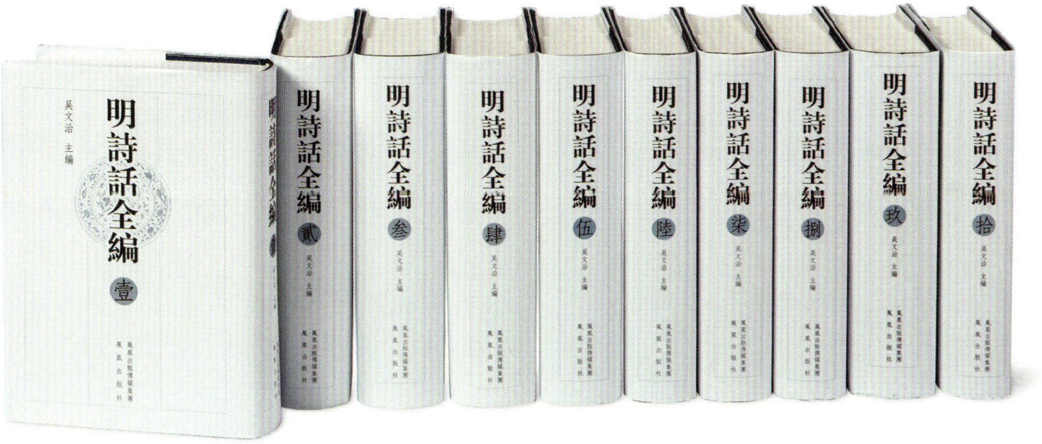

《明诗话全编》（全 10 册）（1997 年初版，2006 年再版）

《宋诗话全编》（全 10 册）（1998 年初版，2006 年再版）

“历代名家精选集”（2006）

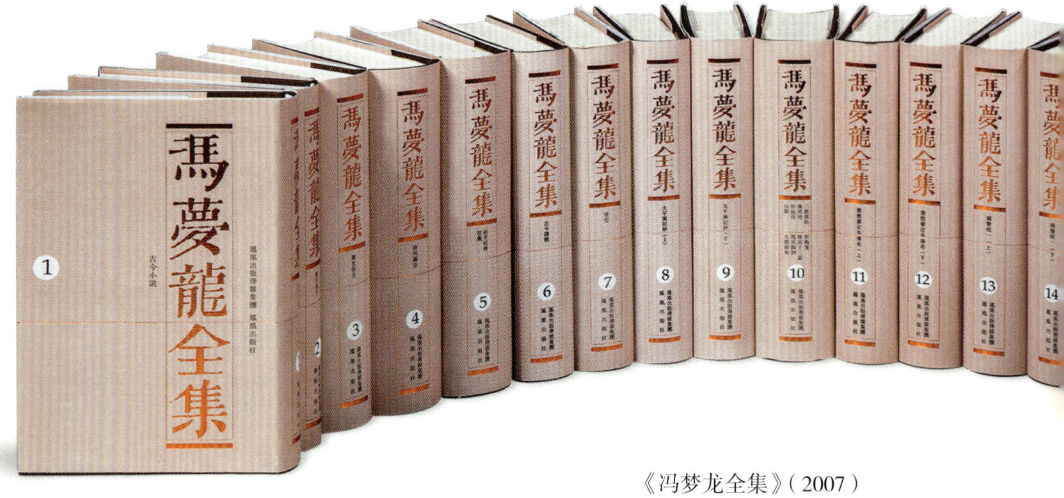

《冯梦龙全集》（2007）

《抗日战争正面战场》（全 3 册）（2007 年初版，2023 年再版）

《抗日战争正面战场》（全 2 册）（1987）

《说文解字注》（全2册）（2007）

2013年入选国家新闻出版广电总局、全国古籍整理出版规划领导小组首届向全国推荐的91种优秀古籍整理图书。2021年入选全国古籍整理出版规划领导小组办公室首批向全国推荐的40种经典古籍及其179个优秀整理版本。

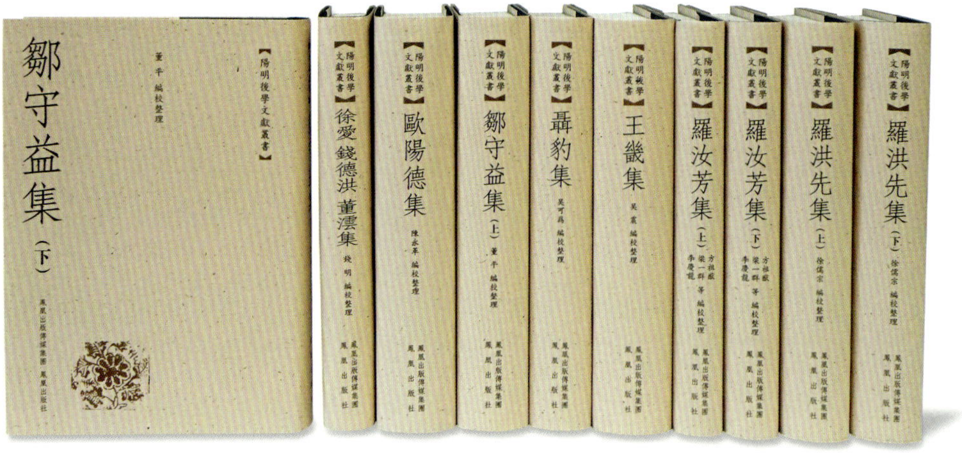

“阳明后学文献丛书”（2007）

《十七史商榷》《廿二史考异》《廿二史札记》(2008)

2023 年，三种书列入“清代史学经典丛书”，修订再版。

“清代史学经典丛书”(已出 3 种)(2023)

《漫话东坡》(2008)

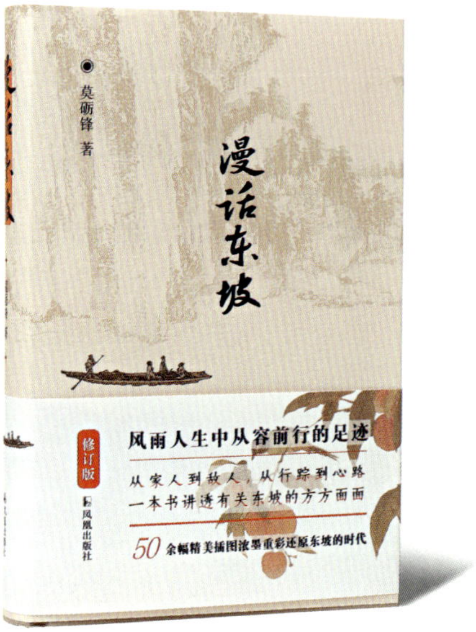

《漫话东坡》(修订版)(2023)

《莫砺锋说唐诗》(2008)

《莫砺锋说唐诗》(2021)

《南京城墙志》(2008)
2008 年入选“三个一百”原创出版工程。

《话说民国》(图文本)(2008)
荣获 2008 年“中国最美的书”称号。

《金圣叹全集》（全 6 册）（2008）

《赵翼全集》（全 6 册）（2009）

2011 年荣获第二届中国出版政府奖图书提名奖。

《韩非子校注（修订本）》（2009）

2021 年入选全国古籍整理出版规划领导小组办公室首批向全国推荐的 40 种经典古籍及其 179 个优秀整理版本。

《中华民国史档案资料汇编》（全 92 册）（1986—2010）

《卞孝萱文集》（全 7 册）（2010）

《凌濛初全集》（全 10 册）（2010）

《中华大典 · 文学典》(全 23 册) (1999—2009)

2000 年《中华大典 · 文学典 · 宋辽金元文学分典》荣获第十二届中国图书奖。

《南京临时政府遗存珍档》（全 8 册）（2011）

《江苏通史》（全10卷）（2012）

“古代文史名著选译丛书（修订版）”（全 134 册）（2011）

2021 年《礼记选译》《左传选译》《论语注译》《庄子选译》《管子选译》《孟子选译》《荀子选译》《史记选译》《汉书选译》《三国志选译》《世说新语选译》《李白诗选译》《柳宗元诗文选译》《资治通鉴选译》《李清照诗文词选译》《辛弃疾词选译》等 16 种入选全国古籍整理出版规划领导小组办公室首批向全国推荐的 40 种经典及其 179 个优秀整理版本。

《大海的方向——华光礁Ⅰ号沉船特展》（2011）

2013 年荣获中国出版政府奖装帧设计提名奖。

《二十世纪三十年代国情调查报告》（全 266 册）（2012）

《和刻本中国古逸书丛刊》（全 70 册）（2012）

《台湾史稿》（2012）

《郑板桥全集（增补本）》（全 3 册）（2012）

《宋金元词话全编》（全 3 册）（2008）、《明词话全编》（全 8 册）（2012）

《南京大屠杀史研究》（全 2 册）（2012 年初版，2015 年增订再版）

“明清之际西方传教士汉籍丛刊”（第一辑，全 6 册）（2013）

至 2023 年，丛刊已出版三辑，计 20 册。

《玉海艺文校证》(全3册)(2013)

《日本国会图书馆藏宋元本汉籍选刊》(全8册)(2013)

《日本国立公文书馆藏宋元本汉籍选刊》（全 15 册）（2013）

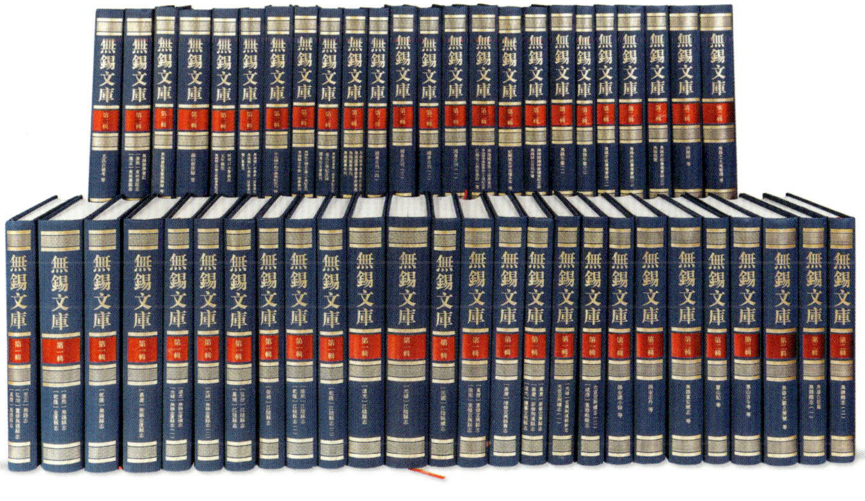

《无锡文库》（全 100 册）（2011—2013）

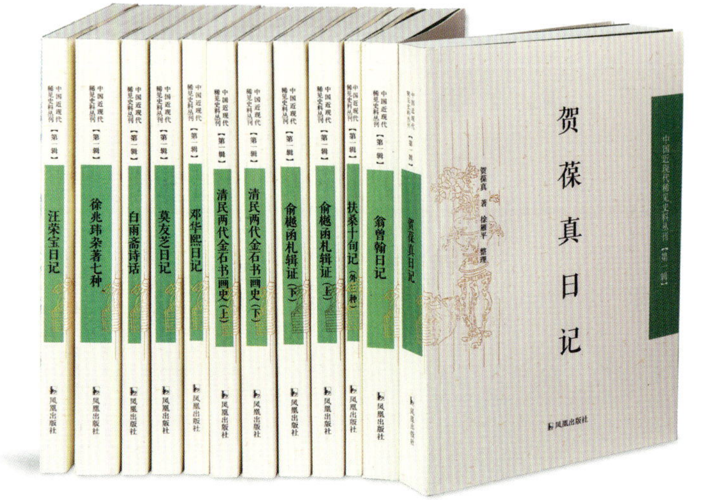

“中国近现代稀见史料丛刊”（2014）

2014 年，丛刊推出第一辑，此后每年一辑，至 2023 年底已届十辑，共出版各类史料 128 种 178 册。其中尤以日记为大宗，有 70 余种。

《明代宦官史料长编》（全 3 册）（2014）

“历代名著精选集”（2009—2014）

《江苏首批国家珍贵古籍名录图录》（2008— ）

至2023年，《图录》已出版六批，共7册。

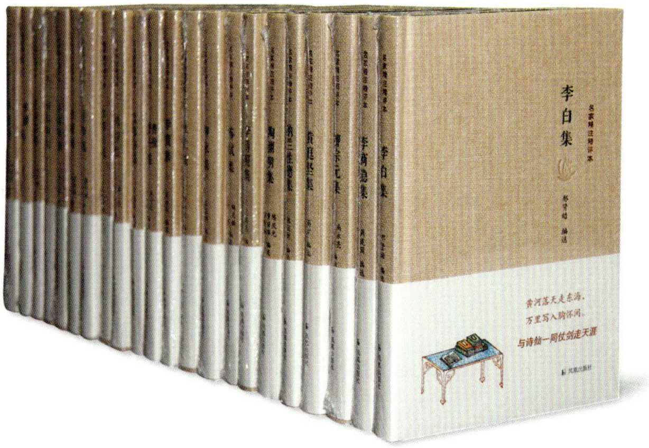

“名家精注精评本”（全 22 册）（2014）

2021 年《苏轼集》入选全国古籍整理出版规划领导小组办公室首批向全国推荐的 40 种经典古籍及其 179 个优秀整理版本。

《缪荃孙全集》（全 15 册）（2012—2014）

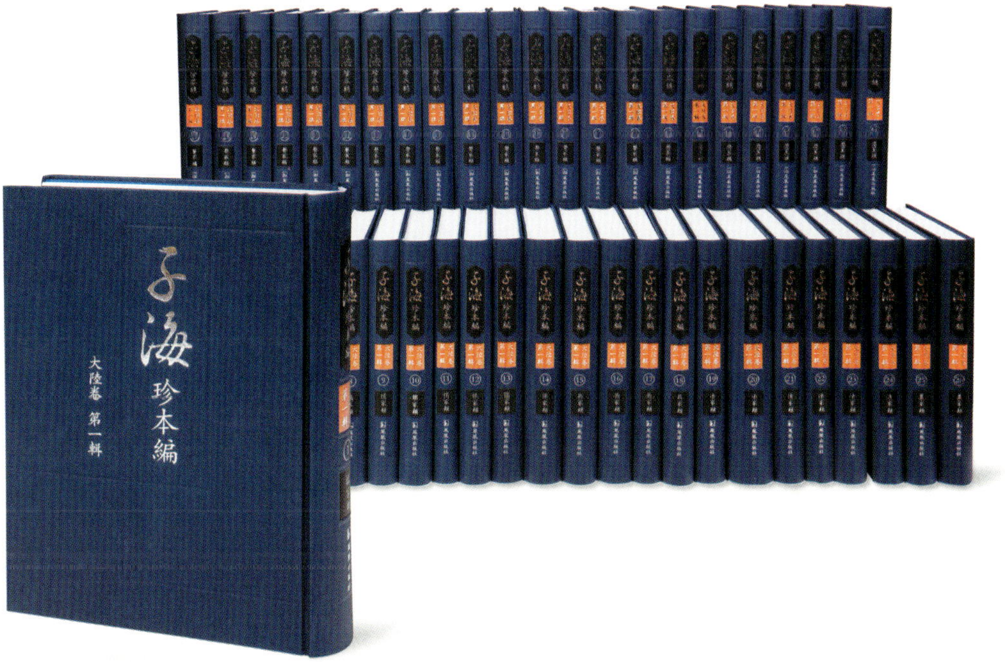

《子海珍本编（大陆卷·第一辑）》（全 120 册）（2014）

《中华大典·林业典》（全 7 册）（2010—2014）

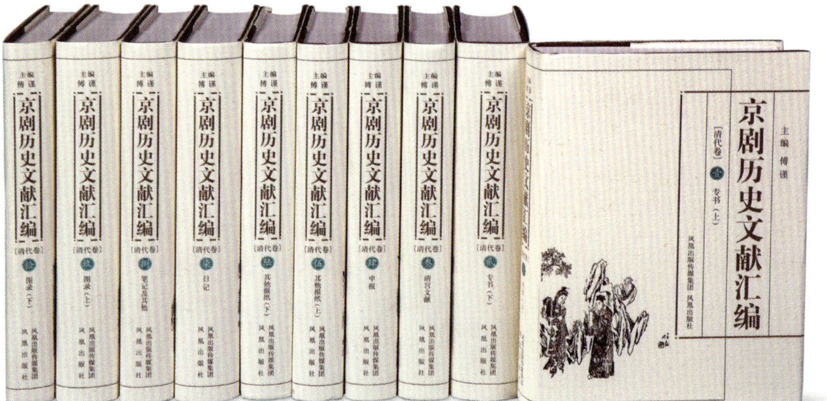

《京剧历史文献汇编·清代卷》（全 10 册）（2011）

《京剧历史文献汇编·清代卷续编》（全4册）（2014）

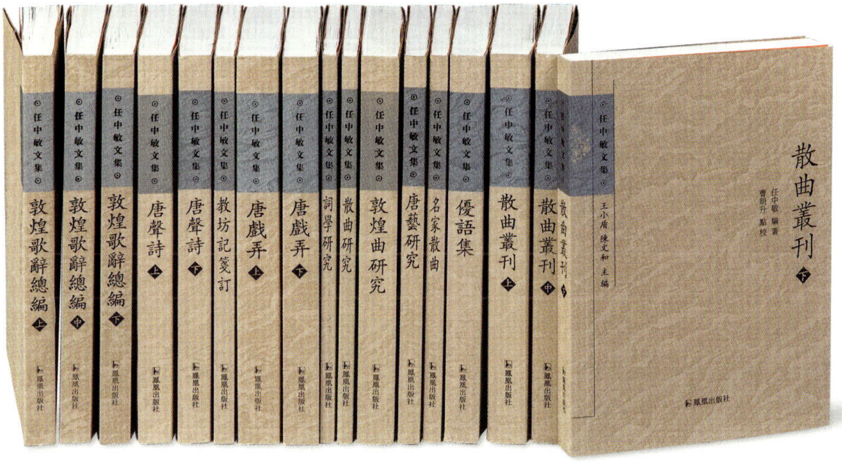

《任中敏文集》（全19册）（2012—2014）

“凤凰经典·名著精评本”（全 4 种）（2015）

《江苏近现代社会救济与慈善文献丛刊》（全 48 册）（2015）

“焦循著作集”（已出 9 册）（2015— ）

《中国经学学术编年》（全 15 册）（2015）

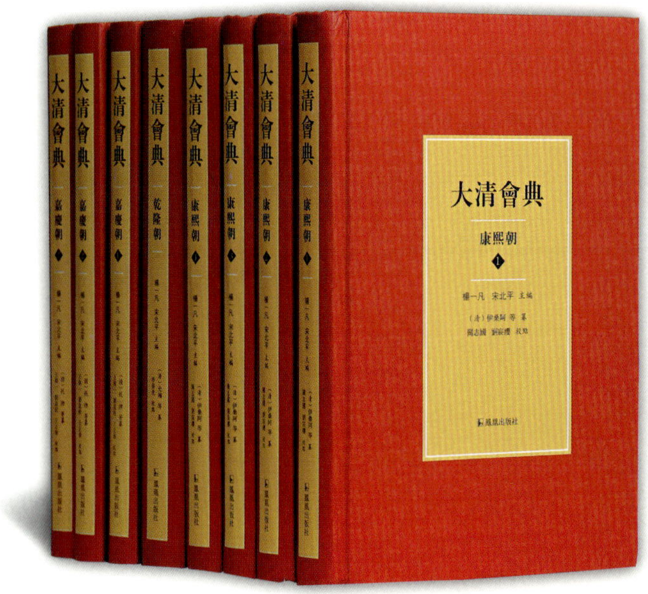

《大清会典》（已出 8 册）（2016— ）

“古代文学名著汇评丛刊”（已出 9 种）（2016— ）

《嘉定钱大昕全集（增订本）》（全 11 册）（2016）

《老子帛书校注（增订本）》（2016）

《庞虚斋藏清朝名贤手札》（全 6 册）（2016）

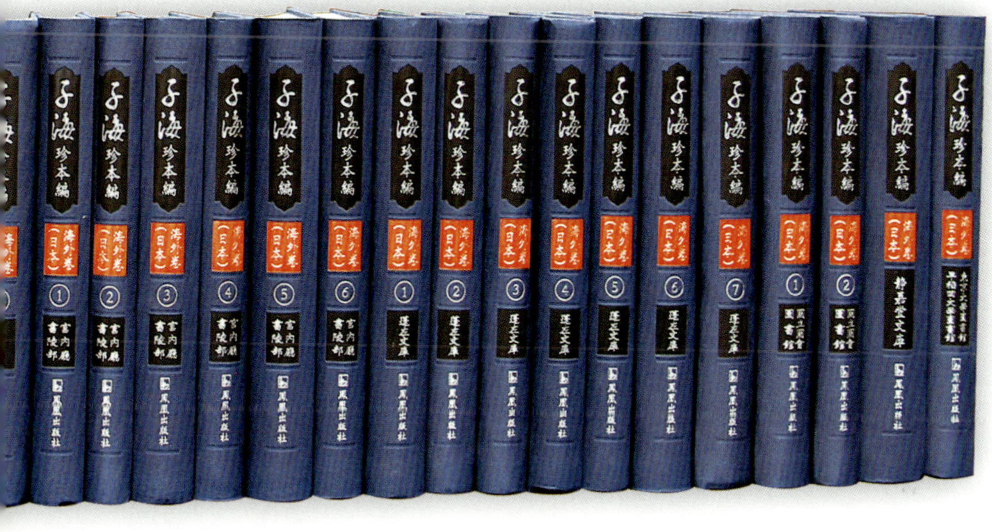

《子海珍本编（海外卷·日本）》（全 32 册）（2016）

《子海珍本编（大陆卷·第二辑）》（全 70 册）（2016）

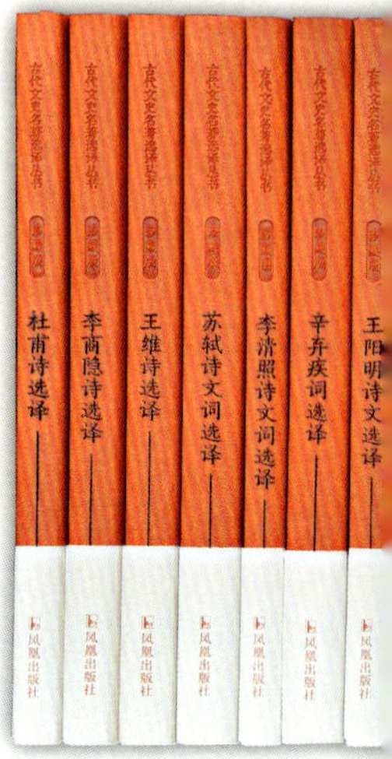

《中国辞赋理论通史》（全 2 册）（2016）

“古文字读本”（全 4 册）（2017）

“古代文史名著选译丛书（珍藏版）”（全 30 种）（2017）

2021 年《李白诗选译》入选全国古籍整理出版规划领导小组办公室首批向全国推荐的 40 种经典古籍及其 179 个优秀整理版本。

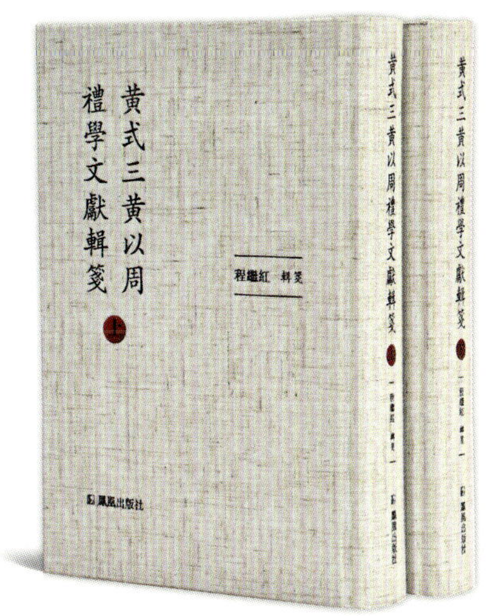

《黄式三黄以周礼学文献辑笺》（全 2 册）（2017）

《谪仙诗象——历代李白诗意书画》（2017）
荣获 2017 年“中国最美的书”称号。

《五代石刻校注》（全 4 册）（2017）

《宋代科举资料长编》（全 5 册）（2017）

《自贡盐业历史档案 · 契约卷》（全 18 册）（2017）

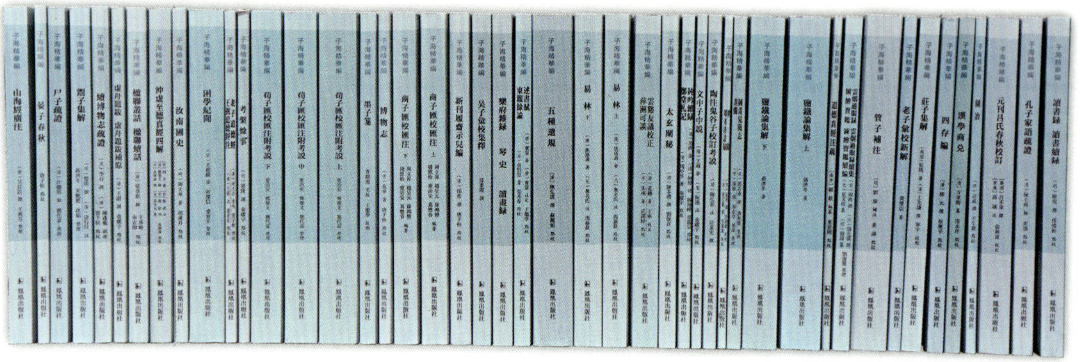

《子海精华编》（2017 年出版，至 2023 年底，已出 52 册）

李白全集 注评
上
〔唐〕李白 著
郁贤皓 注评
凤凰出版社
笔落惊风雨，诗成泣鬼神。
著名学者郁贤皓教授
四十年磨一剑，
当代李白研究的
集大成之作
大家经典，雅俗共赏
品读中国最伟大诗人李白
的上选全本

《李白全集注评》（全 3 册）（2018）

2021 年入选全国古籍整理出版规划领导小组办公室首批向全国推荐的 40 种经典古籍及其 179 个优秀整理版本。

《江苏文库》（全六编，已出 1265 册）（2018—）

《江苏文库》是江苏省重大文化工程“江苏文脉整理研究与传播工程”的重要组成部分，总规模预计达 3000 册。自 2018 年首批成果 86 册出版，至 2023 年底已出版 1265 册，其中“书目编”41 册、“文献编”327 册、“精华编”163 册、“史料编”293 册、“方志编”378 册、“研究编”63 册。凤凰出版社承担了除“研究编”之外的全部五编的出版工作。

文庫

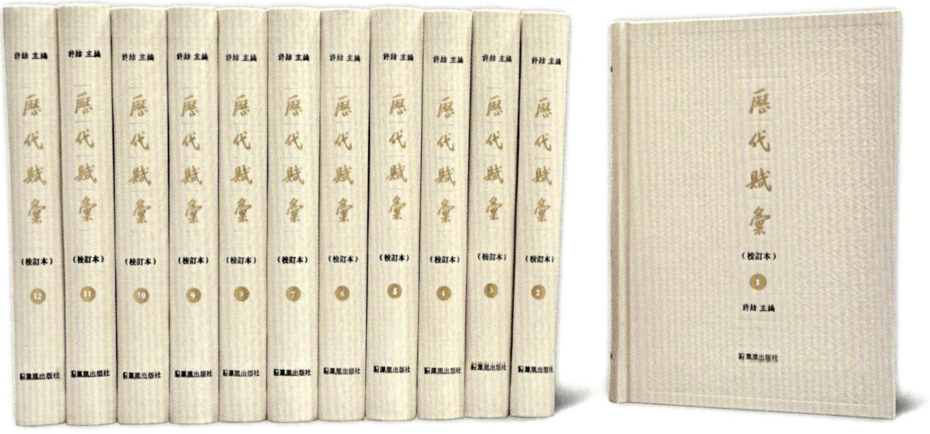

《历代赋汇（校订本）》（全 12 册）（2018）

《历代小说话》（全 15 册）（2018）

“名家视角”丛书（全 10 册）（2018）

《南京古旧地图集》（一函两册）（2018）

《南京图书馆藏未刊稿本·经部》（全 66 册）（2018）

截至 2023 年，已出版经部 66 册、子部 91 册、史部 190 册。

《上海图书馆藏赴闻集成》（全 90 册）（2018）

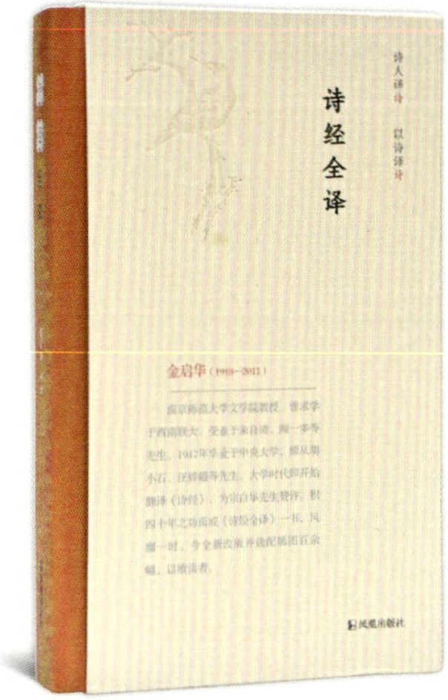

《诗经全译》（2018）

《太平天国史料汇编》（全40册）（2018）

《画屏：传统与未来》（2019）

荣获 2020 年“中国最美的书”称号。

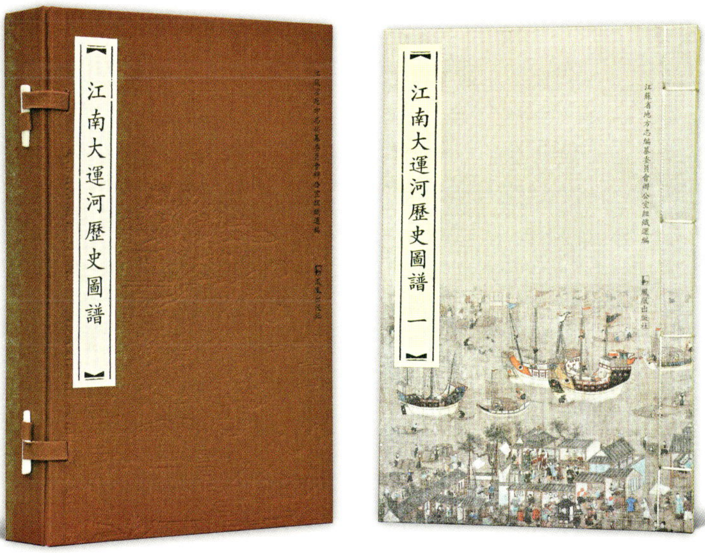

《江南大运河历史图谱》（一函三册）（2019）

《京剧历史文献汇编 · 民国卷》（全 16 册）（2019）
2023 年荣获第八届中华优秀出版物图书奖。

《江苏艺文志（增订本）》（全 28 册）（2019）

《江南通志》（全 12 册）（2019）

《莫砺锋文集》（全 10 册）（2019）

《九寨侗族锦屏文书辑存》（全 36 册）（2019）

《清代词话全编》（全 20 册）（2019）

《日本世说新语注释集成》（全 15 册）（2019）

《〈尚书〉学文献集成·朝鲜卷》（全 35 册）（2019）

“凤凰枝文丛”（2020 年出版，至 2023 年底，已出 53 种）

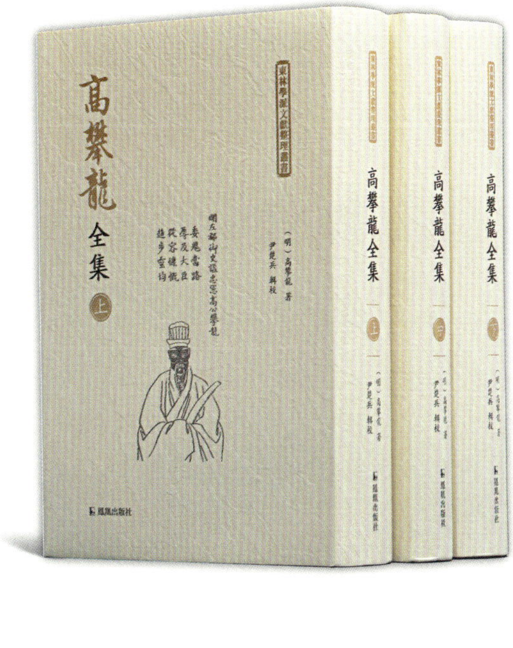

《高攀龙全集》（全 3 册）（2020）

《世说新语资料汇编》(全 3 册)(2020)

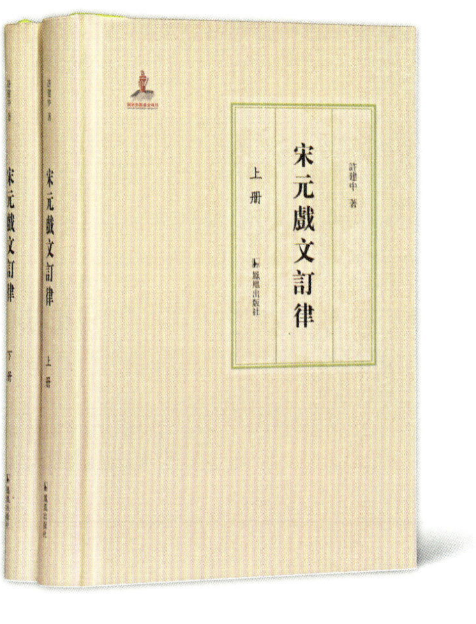

《宋元戏文订律》(全 2 册)(2020)

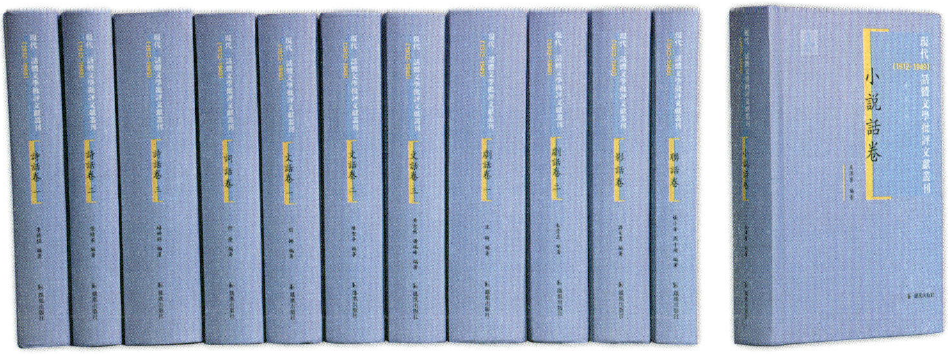

《现代（1912—1949）话体文学批评文献丛刊》（全 12 册）（2020）

《燕京传薪录——中法汉学研究所未刊稿研究》（2020）

荣获 2023 年“中国最美的书”称号。

《长江历史图谱》（一函五册）（2020）

“中华文史名著精选精译精注（全民阅读版）”（全 49 种）（2020）

《风起红楼》（增订本）（2021）

“国家图书馆藏未刊稿丛书”（全 54 册）（2021）

《汉书地理志汇释（增订本）》（全 3 册）（2021）

《近代大运河史料丛编》（全 50 册）（2021）

《李商隐诗选》（青鸟传书版）（2021）

《历代唐诗珍稀选本汇编（唐宋金元卷）》（全 50 册）（2021）

《莫砺锋讲宋诗课》（2021）

《王兆鹏讲宋词课》（2021）

《默园日记》（全 10 册）（2021）

《清诗总集序跋汇编》（全 5 册）（2021）

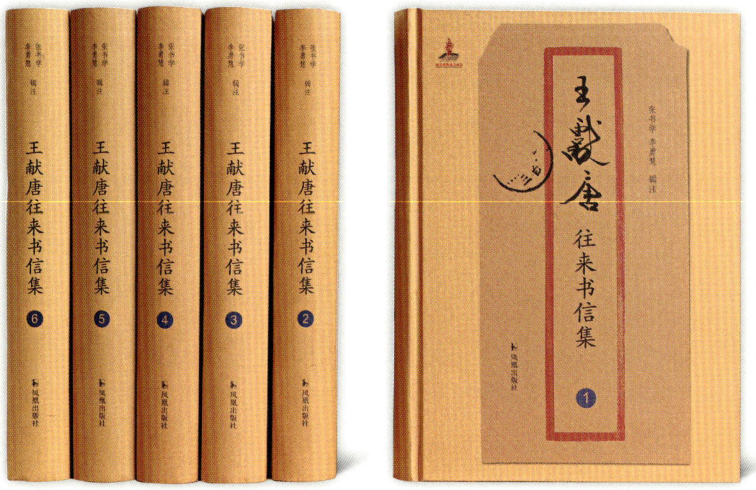

《王献唐往来书信集》（全 6 册）（2021）

《俞樾全集》（全 32 册）（2021—2022）

“《文选》文献丛编”（2022 年出版，至 2023 年底已出 7 册）

《朝鲜时代文献所见笔谈资料汇编》（全 3 册）（2022）

王狀元集百家注編年杜陵詩史
壹
杜詩宋元注本叢書

“杜诗宋元注本丛书”（2022 年出版，至 2023 年底已出 4 册）

范仲淹
是進亦憂退亦憂
然則何時而樂耶其必曰
先天下之憂而憂
後天下之樂而樂歟
郭宝平 著
虞云国 莫砺锋 刘跃进 赵冬梅 联袂推荐
做人做官就这个“范”
出将入相，波澜迭起，酒入愁肠生百感
先忧后乐，风雨不改，山映斜阳立孤峰
一部大宋“孤勇者”的英雄史诗
阅读范仲淹，见证中华文化的力量

《范仲淹》（2022）

“江南文脉”丛书（2022 年出版，至 2024 年 3 月，已出 7 种 20 册）

《楼兰考古调查与发掘报告》（2022）

“日记研究丛书”（2022 年出版，至 2023 年底已出 8 册）

“宋元切韵学文献丛刊”（2022 年出版，至 2023 年底已出 4 册）

《唐刺史考全编（增订本）》（全 6 册）（2022）

《唐九卿考（增订本）》（2022）

《元代碑刻辑释》（全 5 册）（2022）

《程千帆全集》（全 12 册）（2023）

《汉冶萍公司抗战西迁档案汇编》（全三编，57 册）（2023）

《江南戏曲文化史论》（全 4 册）（2023）

《术语的解读：小说戏曲研究的视角与方法》（2023）

该书为“凤鸣”系列第一种。

《水浒戏曲集成》（全 5 册）（2023）

“五代十国文献丛书”（全 11 册）（2023）

《长安道上：缤纷的唐人世界》（2023）
入选“中国好书”月榜。

《中古文学文献学（增订版）》（2023）

“中国近现代稀见史料丛刊典藏本”（全 11 册）（2023）

我们的团队

2022 年 12 月 7 日全社合影。

一排左起：仇　昱　陈晓清　樊　昕　张远帆　卞惠兴　倪培翔　吴葆勤　林日波
韩凤冉　姜　嵩　王　剑　吕　元

二排左起：杜锦瑞　单丽君　王　书　刘　丹　贾昊丽　程明娇　张　燕　吴　琼
曹菁菁　孙文婧　沈雪珍　郭馨馨　朱静萱　孟　清　李明玲　尤丹丹
徐珊珊

三排左起：王晨韵　陈贵子　姜　好　由明晓　莫　培　兰淑坤　张永堃　黄如嘉
张玉环　刘丹丹　李相东　张淑婧　刘　静　张　沫　李　霏　黄　悦
徐　慧

四排左起：孙　州　蒋李楠　刘　辉　杨　奎　王淳航　张旭樵　曹　畅　许骏杨
孙思贤　祁爱国　张晓彬　蔡谷涛　汪允普　崔广洲　许　勇　吕长春
彭子航

新同事加盟

2024 年 2 月

李洋

市场营销部

2024 年 3 月

朱昊

文化教育编辑室

2024 年 7 月

成琳

综合办公室

2024 年 8 月

黄晓洁

社委会

2024 年 8 月

何佳杰

文化教育编辑室

新同事加盟

2024 年 2 月

李洋
市场营销部

2024 年 3 月

朱昊
文化教育编辑室

2024 年 7 月

成琳
综合办公室

2024 年 8 月

黄晓洁
社委会

2024 年 8 月

何佳杰
文化教育编辑室

凤凰

1995 年 6 月 24 日参观茅山新四军纪念馆。

2000 年 4 月 7 日参观江阴华西村，在江阴市政府广场合影。

2001 年 6 月参加江苏省出版系统庆祝建党八十周年歌咏比赛，荣获优秀奖。

2003年1月江苏古籍出版社成立20周年纪念合影。

一排左起：王　洁　陈新媛　杨传凤　高思源　陈晓清　陈文瑛　邵一红　夏　春　虞丽梅
李　燕　张学玲　胡兴曼　周　静　王明格　沈静明

二排左起：王华宝　丁　萍　仇　旻　黄立理　王明儿　余清逸　章耀达　胡慧斌　马清江
薛正兴　高纪言　汤敬昭　蒋才喜　张惠荣　王春南　饶钦珩　黄希坚　吴伟斌

三排左起：胡多佳　夏　勇　王义权　尹亚伟　冯保善　展金麒　陆亚宁　周立波　姜小青
吴　迪　卞惠兴　倪培翔　府建明　王　剑　王建平　常宁文　郭宝林　喻　丽

四排左起：薛　飞　姜　嵩　吕　元　佘晓灵　卞　岐　石贤权　蔡　旻　毛晓剑　接克勤
张　军　祝　社　周　骋　俞允尧　祁爱国　朱野坪

2004 年 10 月 21 日—22 日离退休老同志游览同里、乌镇。

2005 年 6 月凤凰社党支部被评为凤凰集团先进党支部。

2006 年 6 月第十六届全国书市在新疆维吾尔自治区首府乌鲁木齐举办，凤凰社同仁在展位前合影。

2007 年 6 月部分党员在浙江嘉兴南湖烟雨楼前合影。

2008 年 1 月 24 日新春联欢会。

2008 年 4 月 3 日团支部部分团员凭吊雨花台烈士陵园。

2009 年 6 月党支部参观江苏常熟沙家浜。

2009 年 6 月 9 日工会、团支部组织登山活动，在紫金山山顶合影。

2009 年 9 月 28 日参加凤凰集团庆祝中华人民共和国成立 60 周年歌咏比赛，合唱《江山》。

2010 年 4 月 9 日工会组织健步走活动，在南京中山植物园广场合影。

2010 年 6 月 13 日凤凰集团足球赛在南京大学鼓楼校区举行，凤凰社足球队员合影。

2010 年 7 月 5 日凤凰社员工参观上海世博会，在中国馆前合影。

2011 年 5 月 29 日部分员工游览哈尔滨太阳岛。

2011 年 6 月 18 日凤凰集团篮球赛在南京大学仙林校区体育馆举行，凤凰社球队合影。

2011年9月28日凤凰集团成立十周年，“我与凤凰一起飞”文艺汇演，凤凰社表演穿越剧《荆轲刺秦王》。

2011年秋凤凰集团首届“凤凰杯”龙舟赛前，凤凰社参赛队员在玄武湖集训。

2012 年 9 月 27 日凤凰集团第二届“凤凰杯”龙舟赛，凤凰社代表队在玄武湖水上运动学校合影。

2013 年，凤凰集团“我的凤凰我的梦”歌咏比赛，许骏杨、朱静萱表演《滚滚红尘》。吴琼、朱静萱表演《在水一方》。

2013 年凤凰社春节联欢会之大合唱。

2013 年 6 月 21 日部分老同志合影。

2014 年 11 月 5 日凤凰集团第九套广播体操比赛在五台山体育馆举行，凤凰社代表队在开幕式上。

2016 年 6 月凤凰社党支部被评为凤凰集团先进党支部。

2016 年 10 月 30 日凤凰集团“凤凰杯”足球赛，凤凰美术文艺联队队员中场休息。

2016 年 11 月 4 日第二党小组参观梅园新村纪念馆。

2016年11月11日第一党小组参观梅园新村纪念馆。

2017年5月6日工会会员及家属牛首山踏青。

2017 年 6 月 30 日凤凰社党支部被评为凤凰集团先进党支部，支部书记倪培翔（右五）领奖。

2018 年 4 月 27 日工会会员春游老山森林公园。

2018 年 9 月 14 日凤凰集团第七届“凤凰杯”龙舟赛，凤凰社代表队赛前在玄武湖集训。

2019 年 4 月 30 日李霏（右五）在凤凰集团直属机关团委“初心逐梦想，建功新时代——纪念五四运动 100 周年大会暨首届青年技能大赛”决赛中荣获营销比赛一等奖。

2019 年 5 月 23 日参观茅山新四军纪念馆。

2019 年 9 月 19 日参加凤凰集团庆祝中华人民共和国成立 70 周年歌咏比赛，合唱《长江之歌》。

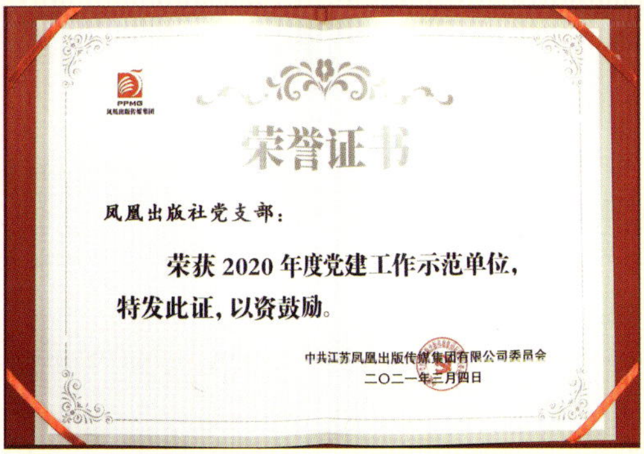

荣誉证书

凤凰出版社党支部：

荣获 2020 年度党建工作示范单位，特发此证，以资鼓励。

中共江苏凤凰出版传媒集团有限公司委员会

二〇二一年三月四日

2020 年 4 月 10 日为老同志王春南 80 岁祝寿。

2020 年 7 月 17 日为老同志饶钦珩 90 岁祝寿。

2021 年 3 月凤凰社党支部被评为凤凰集团 2020 年度党建工作示范单位。

2021 年 4 月 28 日团员开展“寻找红色足迹，致敬百年党史”党史学习教育活动，参观八路军驻京办事处。

2021 年 5 月 18 日，党员在南京六合区桂子山烈士陵园。

2021 年 5 月 18 日，团员在南京六合区桂子山烈士陵园。

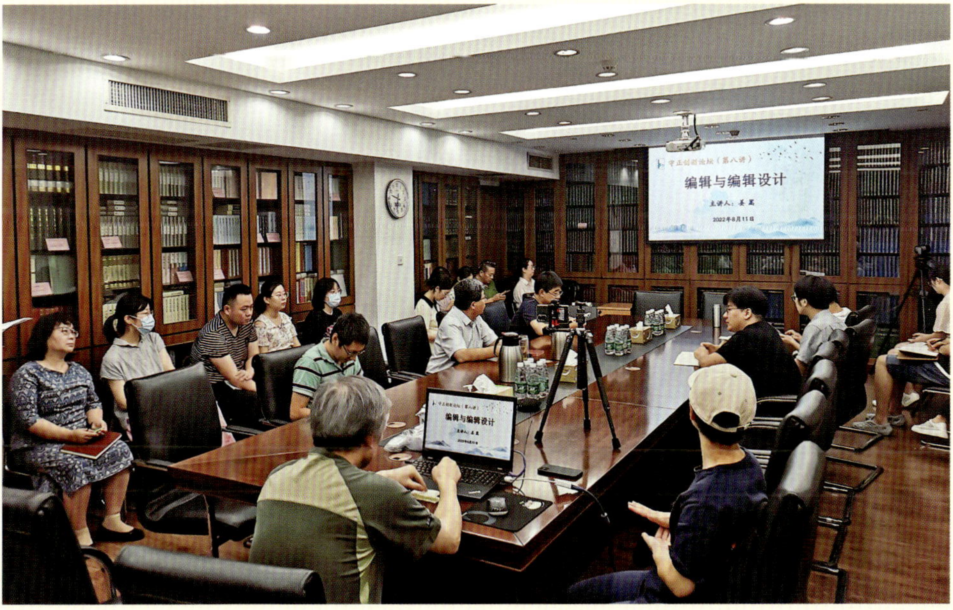

2021 年 11 月 30 日参观南京浦口区王荷波纪念馆。

2022 年 8 月 11 日知名书籍设计家、资深编审姜嵩主讲守正创新讲坛第八讲《编辑与编辑设计》。

2022 年 8 月 17 日凤凰集团第六届“凤凰杯”篮球赛暨第二届篮球嘉年华，凤凰美术文艺联队在集团 A 座 5 楼篮球场合影。

2023 年 4 月 17 日党支部“新时代重走一大路”主题党日活动，参加第一批活动的党员、团员在嘉兴老火车站。

2023 年 4 月 25 日参加第二批活动的党员、团员参观南湖革命纪念馆。

2023 年 5 月 6 日凤凰社编辑技能竞赛在 10 楼会议室举行。

2023 年 5 月 25 日部分编辑赴凤凰印务集团参观学习。

2023 年 6 月 30 日，支部纪检委员韩凤冉为老同志杜基顺颁发“光荣在党五十年纪念章”。

2023 年 12 月 29 日工会“迎元旦，贺新禧”环湖走。

2024 年 1 月 4 日倪培翔社长荣休座谈会。

2024 年 1 月 26 日常宁文主任荣休座谈会。

附录

历年获奖图书一览

国家图书奖

第一届（1994 年 1 月）

清诗纪事，提名奖

版画纪程——鲁迅藏中国现代木刻全集，提名奖

第三届（1997 年 8 月）

跨世纪农村书库，提名奖

第四届（1999 年 9 月）

敦煌文献分类录，提名奖

中国图书奖

第一届（1987 年 7 月）

康有为《大同书》手稿，荣誉奖

第二届（1988 年 9 月）

唐刺史考，荣誉奖

第四届（1990 年 8 月）

清诗纪事，一等奖

第六届（1992 年 12 月）

版画纪程——鲁迅藏中国现代木刻全集，一等奖

第七届（1993 年 10 月）

中国古文献研究丛书

第八届（1994 年 12 月）

袁枚全集

第十一届（1998 年 12 月）

明诗话全编

第十二届（2000 年 3 月）

中华大典・文学典・宋辽金元文学分典

中国出版政府奖

第一届（2008 年 2 月）

册府元龟（校订本），图书奖

第二届（2011 年 3 月）

赵翼全集，图书提名奖

第三届（2013 年 12 月）

陕西神德寺塔出土文献，图书提名奖

大海的方向——华光礁 I 号沉船特展，装帧设计提名奖

第四届（2018 年 1 月）

李太白全集校注，图书奖

第五届（2021 年 7 月）

文选旧注辑存，图书奖

中华优秀出版物奖

第一届（2006 年 12 月）

全元文，图书提名奖

第二届（2008 年 12 月）

陆士衡文集校注，图书提名奖

第四届（2013 年 4 月）

宋代文学编年史，图书奖

第六届（2017 年 4 月）

文心雕龙解析，图书提名奖

第八届（2023 年 4 月）

京剧历史文献汇编・民国卷，图书奖

全国古籍整理图书奖

第一届（1992年）
康有为《大同书》手稿，特别奖
清诗纪事，一等奖
水经注疏，二等奖
雍正朝汉文朱批奏折汇编，二等奖
战国策集注汇考，三等奖
高邮王氏四种，三等奖
楚辞直解，三等奖
第二届（1999年）
敦煌文献分类录校丛刊，一等奖
袁枚全集，二等奖
嘉定钱大昕全集，二等奖
第三届（2001年）
中华大典·文学典·隋唐五代文学分典，一等奖
第四届（2003年）
佛教大辞典，二等奖
全唐五代诗格汇考，二等奖

“三个一百”原创出版工程

第二届（2008年10月）
南京城墙志
第三届（2011年12月）
台湾简史

全国古籍优秀图书奖

第一届（1988年）
康有为《大同书》手稿，一等奖
金圣叹全集，二等奖
唐宋词鉴赏辞典，二等奖
楚辞直解，二等奖
诗经全译，三等奖
中国楷书大字典，三等奖
训诂学，三等奖

侵华日军南京大屠杀系列书（史稿、史料、档案），三等奖
江苏地方文献丛书（第一辑 9 种），三等奖

第二届（1992 年）

中国地方志集成·江苏府县志辑，一等奖
中华民国史档案资料汇编，一等奖
苏州桃花坞木版年画，一等奖
三国志校诂，二等奖
冯玉祥日记，三等奖

第三届（1994 年）

袁枚全集，一等奖
江苏史纲（近代卷、古代卷），二等奖
冯梦龙全集，二等奖
中国禅宗通史，二等奖
文苑丛书——名家精选古典文学名篇，二等奖
三礼辞典，二等奖
近代诗钞，三等奖
中国国民党史，三等奖
审讯汪伪汉奸笔录，三等奖

全国优秀古籍图书奖

2005 年度（2006 年）

全元文，一等奖
金代文学家年谱，二等奖

2006 年度（2007 年）

册府元龟（校订本），一等奖
辽金元诗话全编，二等奖
遗山乐府校注，二等奖
中国地方志集成·黑龙江府县志辑，二等奖
中国地方志集成·辽宁府县志辑，二等奖
中国地方志集成·吉林府县志辑，二等奖
历代名家精选集，普及读物奖

2007 年度（2008 年）

册府元龟（校订本），荣誉奖

说文解字注，一等奖

陆士衡文集校注，二等奖

阳明后学文献丛书，二等奖

历代名家精选集（第二辑），普及读物奖

2008 年度（2009 年）

金圣叹全集，一等奖

周亮工全集，二等奖

宋金元词话全编，二等奖

战国策集注汇考（增订本），二等奖

莫砺锋说唐诗，普及读物奖

2009 年度（2010 年）

赵翼全集，一等奖

韩非子校注（修订本），二等奖

中国地方志集成·省志辑，二等奖

宋元南戏史，二等奖

佛经音义研究通论，二等奖

名家批注图文本四大名著，普及读物奖

2010 年度（2011 年）

凌濛初全集，一等奖

陆士龙文集校注，二等奖

宋代文学编年史，二等奖

越缦堂日记说诗全编，二等奖

卞孝萱文集，二等奖

名家批评本四大名著，普及读物奖

2011 年度（2012 年）

京剧历史文献汇编·清代卷，一等奖

中国古代文学史料学，二等奖

学统（理学渊源考辨丛刊），二等奖

闽中理学渊源考（理学渊源考辨丛刊），二等奖

古代文史名著选译丛书（修订版），普及读物奖

2012 年度（2013 年）
陕西神德寺塔出土文献，一等奖
明词话全编，一等奖
郑板桥全集（增补本），二等奖
历代文苑传笺证，二等奖
一本书读懂易经，普及读物奖
2013 年度（2014 年）
国外所藏汉籍善本丛刊，一等奖
明清之际西方传教士汉籍丛刊（第一辑），二等奖
玉海艺文校证，二等奖
翁心存诗文集，二等奖
宋词通史，普及读物奖
2014 年度（2015 年）
缪荃孙全集，一等奖
冒辟疆全集，二等奖
宪章录校注，二等奖
汉文佛经音乐史料类编，二等奖
名家精注精评本，普及读物奖
2015 年度（2016 年）
李太白全集校注，一等奖
中国近现代稀见史料丛刊（第二辑），一等奖
文心雕龙解析，二等奖
陆龟蒙全集校注，二等奖
四书五经（大儒注本），普及读物奖
2016 年度（2017 年）
庞虚斋藏清朝名贤手札，一等奖
大清会典（康熙朝），二等奖
中国近现代稀见史料丛刊（第三辑），二等奖
古代文学名著汇评丛刊（第一辑），二等奖
2017 年度（2018 年）
文选旧注辑存，一等奖
自贡盐业历史档案·契约卷，一等奖
五代石刻校注，一等奖

宋代科举资料长编，一等奖
明清之际西方传教士汉籍丛刊（第二辑），二等奖
南京古旧地图集，二等奖
中国近现代稀见史料丛刊（第四辑），二等奖
文选汇评，二等奖
世说新语汇校汇注汇评，二等奖
古文字读本丛书，普及读物奖

全国古籍出版社年度百佳图书

2018 年度（2019 年）

历代赋汇（校订本），一等奖
太平天国史料汇编，一等奖
历代小说话，一等奖
诗毛氏传疏，二等奖
李白全集注评，普及读物奖
名家视角丛书，普及读物奖
诗经全译，普及读物奖

2019 年度（2021 年）

江南通志，一等奖
清代词话全编，一等奖
九寨侗族锦屏文书辑存，二等奖
江苏艺文志（增订本），二等奖

2020 年度（2021 年）

高攀龙全集，一等奖
宋元戏文订律，一等奖
世说新语资料汇编，二等奖
南京图书馆藏未刊稿本集成·史部，二等奖
中华文史名著精选精译精注（全民阅读版），普及读物奖

2021 年度（2023 年）

历代唐诗珍稀选本汇编（唐宋金元卷），一等奖
俞樾全集，一等奖
国家图书馆藏未刊稿丛书，一等奖

沈德潜全集，二等奖
汉书地理志汇释（增订本），二等奖
清诗总集序跋汇编，二等奖
莫砺锋讲宋诗课，普及读物奖
2022年度（2023年）
朝鲜时代文献所见笔谈资料汇编，一等奖
《文选》文献丛编，一等奖
唐刺史考全编（增订本），二等奖
姚鼐师友门人往还信札汇编，二等奖
陆士衡文集校释，二等奖
趣说人间好诗词，普及读物奖

全国优秀畅销书

唐宋词鉴赏辞典，1987年
古代名句选讲（修订本），1998年
古代文化知识精讲（修订本），1998年
文学常识精讲，1998年

全行业优秀畅销品种

红楼梦，2007年度
三国演义，2007年度
古代诗歌鉴赏技巧，2008年度
莫砺锋说唐诗，2009年度
论语（儿童经典诵读丛书），2011年度
三字经、百家姓、千字文、弟子规、治家格言（儿童经典诵读丛书），2011年度
西游记，2012—2013年度
水浒传，2012—2013年度

2003年全国农村图书大联展优秀图书奖（2003年12月）

三国演义
水浒传

首届向全国推荐中华优秀传统文化普及图书（2015 年 12 月）

古代文史名著选译丛书（修订版）
唐诗入门
史记今注

第三届全球华人国学大典国学成果奖（2018 年 11 月）

李太白全集校注
中国经学学术编年

第二届宋云彬古籍整理奖（2019 年 10 月）

李太白全集校注，图书奖

“中国好书”月榜（2023 年 11 月）

长安道上：缤纷的唐人世界

华东地区古籍优秀图书奖

第一届（1998 年 11 月）
侵华日军南京大屠杀图集，特等奖
明诗话全编，一等奖
嘉定钱大昕全集，一等奖
敦煌文献分类录校丛刊，一等奖
曲谱研究，一等奖
宋元小说研究，二等奖
唐人笔记小说考索，二等奖
中国地方志集成·江西府县志辑，二等奖
中华民国史档案资料汇编（第五辑第二编），二等奖
近代词钞，二等奖
中山陵史迹图集，二等奖
李伯元全集，二等奖
中国古文献研究丛书，二等奖
元杂剧史，二等奖
第二届（1999 年 11 月）
敦煌文献分类录校丛刊，荣誉奖

宋诗话全编，特等奖
太湖备考，一等奖
中国华严宗通史，一等奖
唐代关中方言音系，一等奖
南朝文学与北朝文学研究，二等奖
晚明小品研究，二等奖
清代词学的建构，二等奖
中国地方志集成·安徽府县志辑，二等奖

第三届（2000 年 9 月）

江苏地方文献丛书（第一辑 20 种 21 册），特等奖
明清传奇史，一等奖
雨花台忠魂图集，一等奖
魏晋南北朝文学论丛，二等奖
中古五言诗研究，二等奖
中学生语言文字规范手册，优秀通俗读物奖
小学生常用汉字形音规范手册，优秀通俗读物奖

第四届（2001 年 10 月）

刘熙载文集，特等奖
清晖山馆友声集，一等奖
敦煌图案摹本，一等奖
周勋初文集，二等奖
洪诚文集，二等奖
中国净土宗通史，二等奖
书目丛书（5 种），二等奖
古诗文诵读，优秀通俗读物奖

第五届（2002 年 11 月）

中华民国史大辞典，特等奖
中国天台宗通史，一等奖
文心雕龙校注拾遗补正，二等奖
中国地方志集成·湖北府县志辑，二等奖
六朝文化，二等奖
毛泽东诗词鉴赏，优秀通俗读物奖

第六届（2003年10月）
佛教大辞典，特等奖
全唐五代诗格汇考，一等奖
中国版本文化丛书，一等奖
说文五百四十部首正解，二等奖
中国地方志集成·湖南府县志辑，二等奖
稀见本宋人诗话四种，二等奖
春秋考论，二等奖
常见文言词手册，优秀通俗读物奖
第七届（2004年10月）
宋词大辞典，特等奖
慧琳《一切经音义》研究，一等奖
宋人文集编刻流传丛考，一等奖
第八届（2005年11月）
全元文，特等奖
范仲淹全集，一等奖
灵境诗心——中国古代山水诗史，一等奖
中国地方志集成·山东府县志辑，一等奖
说文解字校订本，二等奖
师门问学录，二等奖
第九届（2006年10月）
梧门诗话合校，一等奖
金代文学家年谱，一等奖
中国地方志集成·山西府县志辑，二等奖
明代民歌研究，二等奖
名家经典注评系列，优秀通俗读物奖
第十届（2007年11月）
册府元龟（校订本），荣誉奖
辽金元诗话全编，一等奖
元刻《史记》彭寅翁本研究，一等奖
宋代馆阁校勘研究，一等奖
遗山乐府校注，一等奖
历代名家精选集，优秀通俗读物奖

第十一届（2008 年 10 月）
说文解字注，特等奖
陆士衡文集校注，一等奖
世说新语会评，二等奖
阳明后学文献丛书，二等奖
两宋词人丛考，二等奖
唐宋千家联珠诗格校证，二等奖
清代杜诗学文献考，二等奖
清词珍本丛刊，二等奖
韩集举正汇校，二等奖
历代名家精选集（第二辑），优秀通俗读物奖
第十二届（2009 年 10 月）
陆士衡文集校注，荣誉奖
宋金元词话全编，特等奖
南京城墙志，一等奖
江苏首批国家珍贵古籍名录图录，二等奖
古籍整理与出版专家论古籍整理与出版，二等奖
论语后案，二等奖
周季编略，二等奖
漫话东坡，优秀通俗读物奖
第十三届（2010 年 10 月）
赵翼全集，特等奖
中国地方志集成·省志辑，一等奖
韩非子校注（修订本），一等奖
中国古典美学丛编，二等奖
宋元南戏史，二等奖
佛经音义研究通论，二等奖
鲍照研究，二等奖
名家批注图文本四大名著，优秀通俗读物奖
历代诗词分类鉴赏，优秀通俗读物奖
第十四届（2011 年 11 月）
凌濛初全集，特等奖
宋代文学编年史，一等奖

陆士龙文集校注，一等奖
清代闺秀诗话丛刊，二等奖
越缦堂日记说诗全编，二等奖
卞孝萱文集，二等奖
南京图书馆藏朱希祖文稿，二等奖
虞集年谱，二等奖
清代文学世家姻亲谱系，二等奖
名家批评本四大名著，优秀通俗读物奖

第十五届（2012 年 10 月）

中国古代文学史料学，特等奖
秦汉史编年，一等奖
新国学三十讲，二等奖
学统（理学渊源考辨丛刊），二等奖
闽中理学渊源考（理学渊源考辨丛刊），二等奖
朝鲜时代女性诗文集全编，二等奖
古代文史名著选译丛书，优秀通俗读物奖

第十六届（2013 年 10 月）

和刻本中国古逸书丛刊（修订版），特等奖
江苏通史，一等奖
郑板桥全集（增补本），一等奖
历代文苑传笺证，二等奖
阅微草堂笔记会校会注会评，二等奖
雕菰楼易学五种，二等奖
邓之诚文史札记，二等奖
吴下方言考校义，二等奖
中国历代文学流派作品选，优秀通俗读物奖

第十七届（2014 年 11 月）

明清之际西方传教士汉籍丛刊（第一辑），特等奖
玉海艺文校证，一等奖
清词序跋汇编，一等奖
京剧历史文献汇编·清代卷续编，二等奖
足本皇华集，二等奖
散曲丛刊，二等奖

从孔融到陶渊明——汉末三国两晋文学史论衡，二等奖
有斜阳处有春愁——才女的诗心和宿命，优秀通俗读物奖
第十八届（2015 年 10 月）
任中敏全集，特等奖
中国近现代稀见史料丛刊（第一辑），一等奖
冒辟疆全集，一等奖
宪章录校注，二等奖
雕菰楼史学五种，二等奖
《新译大方广佛华严经音义私记》整理与研究，二等奖
唐宋馆驿与文学资料汇编，二等奖
明代宦官史料长编，二等奖
朱彝尊年谱，二等奖
过云楼藏书书目图录，二等奖
第十九届（2016 年 11 月）
李太白全集校注，特等奖
文心雕龙解析，一等奖
任中敏文集（精装本），一等奖
中国经学学术编年，二等奖
雕菰楼经学九种，二等奖
中国巫术通史，二等奖
凤凰经典·名著精评本，优秀通俗读物奖
第二十届（2017 年 11 月）
庞虚斋藏清朝名贤手札，特等奖
大清会典（康熙朝），一等奖
中国近现代稀见史料丛刊（第三辑），一等奖
子海精华编（第一辑），二等奖
诗经汇评，二等奖
中国辞赋理论通史，二等奖
子海珍本编·海外卷，二等奖
老子帛书校注（增订本），优秀通俗读物奖

第二十一届（2018 年 10 月）

南京古旧地图集，特等奖

明清之际西方传教士汉籍丛刊（第二辑），一等奖

中国近现代稀见史料丛刊（第四辑），一等奖

商子汇校汇注，一等奖

黄式三黄以周礼学文献辑笺，二等奖

《水浒传》版本知见录，二等奖

汪荣宝法言注释残稿三种，二等奖

国学微读，优秀通俗读物奖

古代文史名著选译丛书（珍藏版），优秀通俗读物奖

第二十二届（2019 年 10 月）

历代小说话，特等奖

太平天国史料汇编，特等奖

历代赋汇（校订本），一等奖

诗毛氏传疏，一等奖

上海图书馆藏赴闻集成，一等奖

南京图书馆藏未刊稿本集成·经部，一等奖

中国近现代稀见史料丛刊（第五辑），一等奖

《四库全书荟要》研究，一等奖

子海精华编（第三辑），二等奖

湖海诗传，二等奖

大清会典·乾隆朝，二等奖

西南大学新藏墓志集释，二等奖

李白全集注评，优秀通俗读物奖

诗经全译，优秀通俗读物奖

第二十三届（2019 年度，2021 年 11 月）

江苏艺文志（增订本），特等奖

清代词话全编，一等奖

江南通志，一等奖

中国近现代稀见史料丛刊（第六辑），一等奖

九寨侗族锦屏文书辑存，二等奖

《尚书》学文献集成·朝鲜卷，二等奖

日本世说新语注释集成，二等奖
历代闺秀词话，二等奖
点睛之笔，优秀通俗读物奖
第二十三届（2020 年度，2021 年 11 月）
高攀龙全集，特等奖
宋元戏文订律，特等奖
南京图书馆藏未刊稿本集成·史部，一等奖
世说新语资料汇编，一等奖
中国近现代稀见史料丛刊（第七辑），一等奖
长江历史图谱，二等奖
中古姓氏佚书辑校，二等奖
经义考研究（增订本），二等奖
中华文史名著精选精译精注（全民阅读版），优秀通俗读物奖
第二十四届（2021 年度，2023 年 6 月）
国家图书馆藏未刊稿丛书，特等奖
历代唐诗珍稀选本汇编（唐宋金元卷），一等奖
俞樾全集，一等奖
沈德潜全集，一等奖
汉书地理志汇释（增订本），二等奖
清诗总集序跋汇编，二等奖
中国近现代稀见史料丛刊（第八辑），二等奖
大清会典·嘉庆朝，二等奖
子海精华编，二等奖
莫砺锋讲宋诗课，优秀通俗读物奖
凤凰枝文丛（第二辑），优秀通俗读物奖
第二十五届（2022 年度，2023 年 11 月）
元代碑刻辑释，一等奖
朝鲜时代文献所见笔谈资料汇编，一等奖
苏轼诗文汇评，一等奖
《文选》文献丛编，一等奖
姚鼐师友门人往还信札汇编，一等奖
中国近现代稀见史料丛刊（第九辑），一等奖

唐刺史考全编（增订本），二等奖
水浒戏曲集成，二等奖
陆士衡文集校释，二等奖
王状元集百家注编年杜陵诗史，二等奖
周济诗文编年校注，二等奖
凌曙集，二等奖
范仲淹，优秀通俗读物奖

江苏省精神文明建设“五个一工程”入选作品奖

第三届（1998年9月）
侵华日军南京大屠杀图集
第四届（2000年7月）
雨花台忠魂图集

江苏省青少年优秀图书奖（1995年12月）

毛泽东诗词鉴赏

江苏图书奖

第一届（1987年6月）
康有为《大同书》手稿，精品奖
金圣叹全集，特别奖
唐宋词鉴赏辞典，优秀奖
中国楷书大字典，优秀奖
诗经全译，优秀奖
第二届（1989年7月）
清诗纪事，荣誉奖
唐刺史考，精品奖
楚辞直解，优秀奖
唐宋词史，优秀奖
侵华日军南京大屠杀史稿，优秀奖
第三届（1992年4月）
水经注疏，一等奖
雍正朝汉文朱批奏折汇编，二等奖

唐诗大辞典，二等奖

第四届（1994 年 6 月）

中国地方志集成·江苏府县志辑，一等奖
版画纪程——鲁迅藏中国现代木刻全集，二等奖
中国古文献研究丛书，二等奖
苏州桃花坞木版年画，二等奖
中国话本大系（第二辑），畅销书二等奖
新编唐诗三百首，畅销书三等奖

第五届（1995 年 11 月）

敦煌壁画摹本珍藏本，精品奖
近代诗钞，二等奖
三礼辞典，二等奖
沈祖棻诗词集，二等奖
成语词典，畅销书一等奖

第六届（1997 年 12 月）

中山陵史迹图集，二等奖
敦煌天文历法文献辑校，二等奖
近代词钞，二等奖
古代文化知识精讲，畅销书二等奖

第七届（2000 年 1 月）

敦煌文献分类录校丛刊，特别奖
侵华日军南京大屠杀图集，精品奖
嘉定钱大昕全集，二等奖
宋诗话全编，二等奖
古代名句选讲（修订本），畅销书一等奖
古代文化知识精讲（修订本），畅销书一等奖

第八届（2001 年 12 月）

中华大典·文学典·宋辽金元文学分典，特别奖
中华大典·文学典·隋唐五代文学分典，精品奖
雨花台忠魂图集，精品奖
江苏地方文献丛书，一等奖
中华民国史档案资料汇编，二等奖
周勋初文集，二等奖

刘熙载文集，二等奖
第九届（2003 年 12 月）
佛教大辞典，精品奖
全唐五代诗格汇考，一等奖
说文五百四十部首正解，一等奖
第十届（2007 年 1 月）
全元文，荣誉奖
范仲淹全集，精品奖
抗日战争正面战场，二等奖
说文解字校订本，二等奖
中国地方志集成（山东、山西辑），二等奖
宋词大辞典，二等奖
灵境诗心——中国古代山水诗史，二等奖

江苏省新闻出版（广电）政府奖

第一届（2013 年 1 月）
赵翼全集，图书特别奖
韩非子校注（修订本），图书奖
古代文史名著选译丛书（修订版），图书奖
宋代文学编年史，图书奖
京剧历史文献汇编·清代卷，图书提名奖
卞孝萱文集，图书提名奖
大海的方向——华光礁 I 号沉船特展，装帧设计奖
近代名家学术大讲堂，装帧设计提名奖
第二届（2018 年 1 月）
说文解字注，图书奖
庞虚斋藏清朝名贤手札，图书提名奖
江苏语言资源资料汇编，图书提名奖
筑梦空间——云南省博物馆新馆，装帧设计提名奖
第三届（2021 年 12 月）
凤凰出版社，先进新闻出版单位奖
京剧历史文献汇编·民国卷，图书奖
太平天国史料汇编，图书奖

江南通志，图书奖
江苏艺文志（增订本），图书奖
历代赋汇（校订本），图书提名奖
高攀龙全集，图书提名奖
画屏：传统与未来，装帧设计奖
散原遗墨，装帧设计奖
江苏文库数据库，出版传媒融合创新提名奖

苏版好书

2013 年
明清之际西方传教士汉籍丛刊（第一辑）
翁心存诗文集
玉海艺文校证
宋词通史
2014 年
中国地方志集成·善本方志辑
过云楼藏书书目图录
缪荃孙全集
宪章录校注
2015 年
江苏近现代社会救济与慈善文献丛刊
李太白全集校注
文心雕龙解析
中国近现代稀见史料丛刊（第二辑）
南京大屠杀史研究（增订版）
2016 年
中国近现代稀见史料丛刊（第三辑）
嘉定钱大昕全集（增订本）
大清会典·康熙朝
庞虚斋藏清朝名贤手札
2017 年
明清之际西方传教士汉籍丛刊（第二辑）
世说新语汇校汇注汇评

南京古旧地图集
五代石刻校注
文选旧注辑存
2018 年
李白全集注评
历代赋汇（校订本）
2019 年
江苏艺文志（增订本）
江南通志
2020 年
凤凰枝文丛
世说新语资料汇编
宋元戏文订律
长江历史图谱
2021 年
国家图书馆藏未刊稿丛书
汉书地理志汇释（增订本）
俞樾全集
2022 年
楼兰考古调查与发掘报告
朝鲜时代文献所见笔谈资料汇编
唐刺史考全编（增订本）
2023 年
程千帆全集
中古文学文献学（增订版）
漫话东坡
长安道上：缤纷的唐人世界
唐诗三体家法汇注汇评
五代十国文献丛书

全国书籍设计艺术展

第六届（2004 年 12 月）
中国国家图书馆藏敦煌遗书，整体设计奖

灵境诗心——中国古代山水诗史，封面设计奖

第七届（2009 年 10 月）

话说民国，最佳书籍设计

菜根谭、道德经、孙子兵法、三十六计，优秀书籍设计

第八届（2013 年 12 月）

南京图书馆藏朱希祖文稿，优异奖

大海的方向——华光礁 I 号沉船特展，优异奖

精准与华美——南京博物院藏钟表精品，优异奖

第十届（2023 年 11 月）

燕京传薪录——中法汉学研究所未刊稿研究，社科类佳作 A 奖

画屏：传统与未来，艺术类佳作 B 奖

50 绝美：御宋，印制类佳作 B 奖

散原遗墨，社科类佳作 C 奖

芳菲无尽：南京市第一次全国可移动文物普查精品图录，社科类佳作 C 奖

看灯谜　辨是非：红楼梦灯谜漫谈，文学类入围奖

李商隐诗选（青鸟传书版），文学类入围奖

晶彩，科技类入围奖

首届中国国际封面文化博览会最优秀的图书（2007 年 8 月）

三言二拍丛书，封面奖

“中国最美的书”称号

2008 年

话说民国

2017 年

谪仙诗象——历代李白诗意书画

2020 年

画屏：传统与未来

2021 年

50 绝美：御宋

2023 年

燕京传薪录——中法汉学研究所未刊稿研究

第十一届全国美术作品展览（2009 年 12 月）

话说民国，提名奖

华东地区书籍装帧艺术年会

第六届（1997 年 6 月）

民国春秋丛书，封面设计二等奖

中国古代言情小说精品选，封面设计优秀奖

第七届（1999 年 4 月）

中国国家图书馆藏敦煌遗书，整体设计一等奖

明诗话全编，封面设计优秀奖

华东书籍设计双年展

2000 年

同书异名汇录，封面设计二等奖

2002 年

昆山三贤丛书，整体设计一等奖

民国社会风情图录，整体设计二等奖

寒山寺佛学，封面设计二等奖

2004 年

灵境诗心——中国古代山水诗史，封面设计一等奖

2006 年

三言二拍丛书，封面设计一等奖

2008 年

话说民国，整体设计奖

菜根谭、道德经、孙子兵法、三十六计，封面设计优秀奖

2010 年

南京图书馆藏朱希祖文稿，封面设计二等奖

近代名家学术大讲堂，封面设计三等奖

2012 年

大海的方向——华光礁 I 号沉船特展，整体设计奖

高二适批校刘禹锡集，封面设计二等奖

辛亥人物碑传集，封面设计二等奖

2014 年

精准与华美——南京博物院藏钟表精品，封面设计一等奖

何处是蓬莱、胡适的鳞爪，封面设计优秀奖

诠释历史 展现文明——南京博物院陈列展览 80 年，封面设计优秀奖

2019 年

南京古旧地图集，整体设计奖

诗经全译，封面设计奖

2020 年

画屏：传统与未来，整体设计特别奖

散原遗墨，整体设计奖

2023 年

南朝气韵：六朝石刻碑帖讲演录，整体设计一等奖

历年获重要荣誉个人一览

姓名	名称	批准部门	年份
高纪言	江苏省劳动模范	江苏省	1991
高纪言	享受国务院政府特殊津贴专家	国务院	1991
黄希坚	享受国务院政府特殊津贴专家	国务院	1992
薛正兴	享受国务院政府特殊津贴专家	国务院	1996
常宁文	江苏省第三届优秀中青年编辑	江苏省新闻出版局	2001
卞岐	江苏省优秀出版工作者	江苏省人事厅、江苏省新闻出版局	2004
姜小青	“江苏省六大人才高峰”第四批高层次人才培养对象	江苏省人事厅、江苏省委宣传部	2007
姜小青	江苏省“333 高层次人才培养工程”第三层次培养对象	江苏省人才办	2007
姜小青	江苏省首批新闻出版行业领军人才	江苏省新闻出版局	2009
吴葆勤	江苏省“333 高层次人才培养工程”第三层次培养对象	江苏省人才办	2011
姜小青	享受国务院政府特殊津贴专家	国务院	2012
倪培翔	江苏省第三批新闻出版行业领军人才	江苏省新闻出版局	2013
林日波	江苏省“333 高层次人才培养工程”第三层次培养对象	江苏省人才办	2013
姜小青	全国新闻出版行业第四批领军人才	国家新闻出版广电总局	2014
姜小青	江苏省首批“四名人才”名编辑	江苏省委宣传部	2016
林日波	首届宋云彬古籍整理奖青年奖·编辑奖	宋云彬古籍整理出版基金理事会	2017
姜小青	全国宣传文化系统文化名家暨“四个一批”人才	中宣部	2018

（续表）

姓 名	名 称	批准部门	年份
林日波	江苏省新闻出版广电（版权）系统劳动模范	江苏省新闻出版广电局	2018
张远帆	江苏省第二批“四名人才”名编辑	江苏省委宣传部	2018
林日波	中宣部宣传思想文化青年英才	中宣部	2019
姜 嵩	紫金文化创意英才	江苏省委宣传部	2019
林日波	江苏省新闻出版优青	江苏省新闻出版局	2019
韩凤冉	江苏省新闻出版优青	江苏省新闻出版局	2019
李相东	江苏省新闻出版优青	江苏省新闻出版局	2019
韩凤冉	紫金文化新闻出版英才暨名编辑	江苏省委宣传部	2020
樊 昕	江苏省新闻出版优青	江苏省委宣传部	2020
张永堃	江苏省新闻出版优青	江苏省委宣传部	2020
徐 慧	江苏省文化创意界—文创优青	江苏省委宣传部	2020
韩凤冉	中宣部宣传思想文化青年英才	中宣部	2022
李相东	江苏省“333 高层次人才培养工程”第三层次培养对象	江苏省人才办	2022
樊 昕	第三届宋云彬古籍整理奖·编辑奖	宋云彬古籍整理出版基金理事会	2022
樊 昕	江苏省新闻出版英才暨“四名人才”	江苏省委宣传部	2024
崔广洲	紫金文化新闻出版优青	江苏省委宣传部	2024

在职员工名录

· **社委会**

吴葆勤　林日波　张远帆　韩凤冉　樊　昕　黄晓洁　卞惠兴（业务首席）

· **古籍整理编辑室**

李相东　陈晓清　王晨韵　蒋李楠　张淑婧

· **文史学术编辑室**

郭馨馨　孟　清　孙　州　莫　培

· **人文社科编辑室**

张永堃　李　霏　黄如嘉　蔡谷涛

· **大众文化编辑室**

崔广洲　尤丹丹　杜锦瑞　彭子航

· **文化教育编辑室**

朱　昊　吴　琼　孙思贤　蔡芳盈　何佳杰

· **江苏文库编辑室**

许　勇　王　剑　徐珊珊　单丽君　黄　悦　姜　好

· **审读校对室**

汪允普　王淳航　李　娟

· **综合办公室**

张　燕　仇　旻　孙文婧　刘　丹　吕长春　曹菁菁　张晓彬　陈　杨　成　琳

· **财务部**

沈雪珍　祁爱国　朱静萱　王　书　刘　静

· **设计制作部**

程明娇　姜　嵩　刘　辉　吕　元　陈贵子　张　堃

· **市场营销部**

许骏杨　杨　奎　贾昊丽　张旭樵　李明玲　刘丹丹　曹　畅　张玉环　由明晓　李　洋

· 说明：截至 2024 年 8 月 30 日，凤凰出版社在职员工 68 人（排名参照 GoCom）。

离退休（含调离、离职）员工名录

· **截至 2024 年 8 月 30 日，**
凤凰出版社（原江苏古籍出版社）**离退休**（含调离、离职）**员工 95 人**。
依入社工作时间先后，现将名单开列如下：

高纪言　王士君　薛正兴　陆国斌　蒋才喜　瞿世云　饶钦珩　夏　春　张蓓蕾
章耀达　虞丽梅　陈新媛　黄希坚　吴伟斌　王步高　吴小平　杜基顺　薛　飞
邱　禹　陆钟琦　胡多佳　张惠荣　余清逸　胡慧斌　府建明　郭宝林　杨传凤
沈静明　胡兴曼　袁大祥　曹诚卓　王明儿　朱野坪　王家鼎　俞允尧　丁良典
丁　萍　张学玲　马清江　尹亚伟　王春南　周　方　曹　耘　王华宝　黄立理
周　骋　王义权　卞　岐　冯保善　吴　迪　汤敬昭　蔡　旻　接克勤　石贤权
常宁文　姜小青　李　燕　徐文博　倪培翔　展金麒　张　军　佘晓灵　王明格
陈文瑛　毛晓剑　祝　杜　喻　丽　邵一红　周立波　高思源　王建平　王　洁
夏　勇　陆亚宁　潘天凤　郝敬萍　庄国兵　刘明宝　刘明贵　王运祥　徐　慧
吕明奇　傅　扬　吴娴子　刁艳阳　周长勇　李艳丽　王爱荣　陆　扬　顾　娟
王清溪　朱　尧　马奔啸　兰淑坤　张　沫

· **历任社主要负责人（5 人）**

高纪言　薛正兴　马清江　姜小青　倪培翔

· **历任社委会成员（9 人）**

王士君　陆国斌　蒋才喜　汤敬昭　陈国斌　吴小平　胡慧斌　吴　迪　卞惠兴

卷后语

今年，是凤凰出版社创办的第四十个年头。

1984年，江苏古籍出版社成立。2002年，更为今名。

四十年的道路，艰辛曲折，乐少忧多，几代出版人奉献了自己最美好的年华。

走过的每一步，都值得记录，值得回望。

呈现在读者面前的这本纪念册，是我们从无数张照片中遴选出来的历史瞬间，画面从模糊到高清，见证着时代的发展，也见证着我们筚路蓝缕，蹒跚前行。照片中的人，有的已经作古，我们怀念他们；有的已经离岗，我们祝福他们；更多的还在坚守，我们等待着下一个十年的人作出评判。衷心感谢所有为凤凰出版社奋斗过的同仁，一砖一瓦，一枝一叶，镌刻着你们的过往，积淀着我们的未来。

在纪念册中，我们还刻意展示了部分作者和读者的动人风采。作者朋友们毫无保留地把作品托付，这是难以言说的信任；读者朋友们给予的鞭策和鼓励，让我们知道努力必有回报。四十年的光阴，我们在相互陪伴中共同成长。

渐深秋夜，月朗星稀，钟山后湖的悠悠晚风，始终触人心弦。

图书在版编目（CIP）数据

凤凰出版社建社四十周年纪念册 / 凤凰出版社编写组编. -- 南京 : 凤凰出版社, 2024.10
ISBN 978-7-5506-4176-1

Ⅰ. ①凤… Ⅱ. ①凤… Ⅲ. ①出版社－南京－图集 Ⅳ. ①G239.22-64

中国国家版本馆CIP数据核字(2024)第059786号

书　　名	凤凰出版社建社四十周年纪念册
编　　者	凤凰出版社编写组
责任编辑	汪允普　陈贵子
书籍设计	陈贵子
责任监制	程明娇
出版发行	凤凰出版社(原江苏古籍出版社) 发行部电话025-83223462
出版社地址	江苏省南京市中央路165号,邮编:210009
照　　排	南京新华丰制版有限公司
印　　刷	南京新洲印刷有限公司 江苏省南京市六合区雨花路2号,邮编:211500
开　　本	718毫米×1005毫米　1/16
印　　张	16.5
版　　次	2024年10月第1版
印　　次	2024年10月第1次印刷
标准书号	ISBN 978-7-5506-4176-1
定　　价	128.00元 (本书凡印装错误可向承印厂调换,电话:025-57500228)